EL PESIMISMO
EN EL SIGLO XIX

UN PRECURSOR DE SCHOPENHAUER, LEOPARDI

POR

E. CARO

TRADUCCION DE ARMANDO PALACIO VALDÉS

MADRID
CASA EDITORIAL DE MEDINA
AMNISTÍA, NÚM. 12

EL PESIMISMO EN EL SIGLO XIX.

¿Será verdad que el mundo sea malo, que haya un mal radical, absoluto, invencible en la naturaleza y en la humanidad, que la vida sea el don funesto de un poder malévolo ó la manifestacion de una voluntad irracional; será verdad, en una palabra, que la existencia sea una desgracia; y que la nada vale más que el sér? Estas proposiciones suenan de un modo extraño en los oidos de los hombres de nuestro tiempo, aturdidos por el ruido de su propia autoridad, orgullosos con justicia de los progresos de la industria y de la ciencia, y cuyo temperamento, medianamente elegiaco, se acomoda perfectamente á una existencia prolongada sobre esta tierra, á las condiciones de trabajo que les son impuestas y á las sumas de bienes y de males que les han

tocado. Existe, sin embargo, esta filosofía que
maldice la vida, y no sólo se manifiestan en algunos libros brillantes como un desafío lanzado al optimismo científico é industrial del siglo,
sino que se desenvuelve por la misma discusion
y se propaga por un contagio sutil entre ciertos
espíritus á quienes turba. Es una especie de
enfermedad intelectual, pero una enfermedad
privilegiada, concentrada hasta ahora en la esfera
de la alta cultura, de la cual parece ser una especie de refinamiento morboso y de elegante
corrupcion.

Se ha hablado aquí en diversas ocasiones de
estas teorías del pesimismo, á propósito de los
sistemas de Schopenhauer y de Hartmann, de
los cuales constituye la parte moral. No volve-
remos á empezar lo que ya está hecho. Quere-
mos colocarnos en otro punto de vista. La cuestion merece ser profundizada en sí misma y generalizada, aparte de las formas doctrinales que
le impone la nueva filosofía alemana ó de la explicacion metafísica que ella se propone. Existe
aquí algo como una crisis intelectual y literaria
á la vez, que traspasa los límites de un sistema.
Trataremos de analizarla en algunos grandes objetos de estudio, de observar sus analogías á través de los medios más diferentes, y por el exámen
de las formas comparadas y de los síntomas, re-

montarnos hasta el orígen de este mal esencialmente moderno. Un estudio semejante, es más de
curiosidad psicológica que de utilidad práctica.
No es mucho de temer que esta filosofía sea nunca
otra cosa en Europa, que una filosofía excepcional y que la humanidad civilizada se abandone
un dia á la seduccion mortal de estos consejeros
de la desesperacion y de la nada. Pero esta excepcion merece ser analizada con cuidado, en razon misma de los autores que la han prestado
un lugar en la ciudad de las ideas, ciudad muy
confusa y discorde, mas de un interés inagotable
para el observador.

I

Hemos dicho que el pesimismo era un mal esencialmente moderno: es preciso entenderse. En todos los tiempos ha habido pesimistas, ó lo que es igual, hay un pesimismo contemporáneo de la humanidad. En todas las razas, en todas las civilizaciones, algunas imaginaciones poderosas fueron preocupadas por lo que hay de incompleto y de trágico en el destino humano, dando á este sentimiento la expresion más conmovedora y más poética. Grandes crísis de tristeza y de desesperacion han atravesado los siglos, acusando la decepcion de la vida y la suprema ironía de las cosas. Este desacuerdo del hombre con su destino, la oposicion de sus instintos y de sus facultades con el medio en que vive, la naturaleza hostil ó malévola, los azares

y las sorpresas de la suerte, el hombre mismo,
lleno de duda y de ignorancia, sufriendo por su
pensamiento y por sus pasiones, la humanidad
entregada á una lucha sin trégua, la historia llena de los escándalos de la fuerza, la enfermedad,
en fin, la muerte, la separacion violenta de los
séres que más se aman, todos estos sufrimientos
y estas miserias forman como un clamor inmenso que resuena desde el fondo de las con-
ciencias, en la filosofía, en la religion, en la poesía de los pueblos. Mas estas quejas ó estos gritos de insurreccion, por profundos y apasiona-
dos que sean, son, por lo general, en las razas y
en las civilizaciones antiguas accidentes individuales: expresan la melancolía de su temperamento, la gravedad triste de un pensador, los
trastornos de un alma bajo el golpe de la desesperacion; no expresan, para hablar con propie-
dad, una concepcion sistemática de la vida, la
doctrina de la renuncia del sér. Job maldice el
dia en que ha nacido: «El hombre que nace de
mujer vive pocos dias llenos de miserias;»
pero Jehovah habla, deshace la duda ingrata,
la injusta queja, la vana protesta de su servi-
dor, lo levanta iluminándolo y lo salva de si
mismo. Salomon declara «que está enojado de la
vida viendo todos los males que se encuentran
bajo el sol, y que todas las cosas son vanidad y.

afliccion para el espíritu:" (1) mas seria una in
terpretacion bien superficial la que no quisiera
ver en esta triste poesía del *Ecclesiaste* otro aspecto que el de la desesperacion, sin percibir al
mismo tiempo el contraste de las vanidades de
la tierra que disgustan un alma grande, con los
fines más altos que la atraen, y como la antíte-
sis eterna que resume todas las luchas del corazon del hombre, sintiendo su miseria en la embriaguez de sus alegrías y buscando encima de
sí lo que debe desvanecer su hastío.

Análogos sentimientos se encuentran en la antigüedad griega y romana. Se han observado
rasgos de profunda melancolía, lo mismo en He-
siodo y Simónides de Amurgos, que en los coros
de Sófocles y Eurípides, que en Lucrecio y Vir-
gilio. De la Grecia ha partido esta queja conmovedora. "Lo mejor para el hombre es no nacer, y cuando ha nacido, morir jóven." Mr. de
Harmann no ha dejado de sacar un pasaje de la
Apología, en que Platon le proporciona una imágen expresiva para comprobar la proposicion
fundamental del pesimismo, de que el no sér es
preferible al sér : "Si la muerte es la privacion
de todo sentimiento, un sueño sin ensueños, ¡qué
gran ventaja será morir! Porque, que cualquie-

----

(1) Ecclesiastes, II, 17.

ra elija una noche así pasada en un sueño profundo que no haya turbado ningun ensueño, y
que compare esta noche con todas las noches y
todos los dias que han llenado el curso entero de
su vida; que reflexione y que diga en conciencia
cuántos dias y cuántas noches ha tenido en su vida más felices y más dulces que ésta: estoy per-
suadido de que no tan sólo un simple particular,
sino el mismo rey de Persia, encontraria un número bien pequeño y bien fácil de contar. » Aristóteles ha notado con profunda observacion, que
hay una especie de tristeza que parece ser la com-
pañera del génio. Trata la mentira como fisiólogo;
¿mas no se podrá decir, bajo otro punto de vista,
completando su pensamiento, que la altura á
que se eleva el génio humano no sirve mas que
para mostrarle con más claridad la frivolidad de
los nombres y la miseria de la vida? Recordaremos, en fin, que hubo en Grecia como una escuela de pesimismo abierta por el famoso Hegé-
rias, tan elocuente en sus sombrías pinturas de
la condicion' humana, que recibió el nombre de
Peisithanatos, y que fué preciso cerrar su escuela para evitar á sus oyentes el contagio del suicidio. El fondo de esta amarga filosofía, que no
conocemos sino por algunas frases de Diógenes,
Laerces y de Ciceron, permanece muy oscuro;
es bastante difícil averiguar si este consejero,

harto persuasivo de la muerte, predicaba á sus
discípulos el desprecio de la vida considerada en
sí ó solo en comparacion de la vida futura, la
muerte como una emancipacion ó como un progreso.

Resulte lo que quiera de esta singularidad
filosófica, queda bien sentado que este género de
sentimientos es raro entre los antiguos, y es un
grave error del poeta del pesimismo, de Leopardi, el haber querido persuadirnos en pró de
su causa, de que el pesimismo se hallaba en el
génio de los grandes escritores de Grecia y
Roma: sistema ó error, este punto de vista borra alguna vez en él el sentido tan penetrante y
tan fino que tiene de la antigüedad. Nada más
quimérico que esta Safo, meditando sobre los
grandes problemas:

.....*Arcano é tutto*
Fuor che il nostro dolor.....

Ya no es la inspirada sacerdotisa de Vénus la
que aquí habla; es una blonda alemana que sueña con un Werther desconocido, y exclama:
«Todo es misterio, exceptuando nuestro dolor.»
Con el mismo sentido, y bajo el imperio de la
misma idea, Leopardi fuerza la interpretacion
de las dos frases célebres de Bruto y de Theo-
phrastes en el instante de morir; el uno, rene-
gando de la virtud por la que muere; el otro, re-

negando de la gloria por la que ha olvidado vivir. Aun suponiendo que estas palabras sean
auténticas, y que no hayan sido recogidas en alguna vaga leyenda por Diógenes, Laerces y Dion
Casio, no podian tener, de ningun modo, en la
boca que las ha pronunciado, la significacion moderna que les atribuye un comentario demasiado sutil é ingenioso. Por otra parte, Leopardi se
corrige á sí mismo, entra en la verdad de la
historia moral de las razas y de los tiempos,
cuando dice de pasada en la misma obra, «que
el orígen de estos pensamientos dolorosos, poco
esparcidos entre los antiguos, se encuentra
siempre en el infortunio particular ó accidental
del escritor ó del personaje puesto en escena;
imaginario ó real.» Mas dá frecuentes mentís á
esta observacion tan justa. El fondo de la creencia antigua es que el hombre ha nacido para ser
feliz, y que cuando no logra serlo, es por culpa
de alguna divinidad envidiosa ó por una venganza de los dioses. Lo que domina entre los antiguos es el gusto de la vida y la fe en la felicidad terrestre que persiguen con terquedad: cuando sufren parecen despojados de un derecho.

M. de Hartmann señala con rasgos precisos
esta idea del optimismo terrestre que rige el
mundo antiguo (judío, griego, romano). El judío
añade un sentido temporal á las bendiciones del

Señor: la felicidad para él, es que sus graneros estén llenos, y sus lagares no puedan soportár el vino (1). Sus concepciones de la vida nada tienen de trascendentales, y para llamarle á este órden superior de pensamientos y de esperanzas, es preciso que Jehovah le hable por sus profetas ó le avise castigándole. La conciencia griega, despues que ha agotado la noble embriaguez del heroismo, busca la satisfaccion de esta necesidad de dicha en los placeres del arte y de la ciencia, se complace en una teoría estética de la vida (2). La existencia es el primero de los bienes; recuérdese la frase de Aquiles en la *Odisea*, hallándose en los infiernos: «No trates de consolarme de la muerte, noble Ulyses: quisiera más cultivar como mercenario el campo de un pobre hombre, que reinar sobre toda la muchedumbre de las sombras.» Dice tambien el Eclesiastes: «Más vale un perro vivo, que un leon muerto (IX, 4).» La república romana introduce ó desenvuelve un elemento nuevo; ennoblece el deseo de la felicidad, trasportándola, señalando al hombre ese objeto todavía humano, pero superior, al cual el individuo debe inmolarse; la felicidad de la ciudad, el poderío de la pátria. Hé aquí, salvo al-

_____

(1) Proverbios III 10.
(2) Filosofía de lo Inconsciente.

gunas excepciones, los grandes móviles de la
vida antigua: las bendiciones temporales en la
raza de Israel, los goces de la ciencia y del arte
entre los griegos; entre los romanos el deseo de
la dominacion universal, el sueño de la grandeza y de la eternidad de Roma. En estas diversas
civilizaciones no hay lugar sino por accidente
para las inspiraciones del pesimismo. El ardor
viril en el combate de la vida en estas razas enér-
gicas y nuevas, la pasion de las grandes cosas,
el poder y el candor, vírgen de las grandes es
peranzas que la experiencia no ha destruido el
sentimiento de una fuerza que no conoce aun sus
límites, la conciencia reciente que la humanidad
acaba de adquirir de sí misma en la historia del
mundo, todo esto explica la fe profunda de los
antiguos, en la posibilidad de realizar aquí abajo la mayor suma de felicidad. Todo esto se halla
en contraposicion con esta moderna teoría que
parece ser la triste herencia de una humanidad
decrépita, la teoría del dolor universal é irremediable. En cambio, y por contrastar con el mundo antiguo, no es posible negar que existen influencias y corrientes pesimistas en el seno de
la doctrina cristiana, ó al ménos en ciertas sectas
que la han interpretado. ¿Puede dudarse, por
ejemplo, de que tal pensamiento de Pascal ó tal
página de las Veladas de *San Petersburgo* no de-

ben ocupar un lugar como ilustraciones de idea
ó de estilo al lado de los análisis más amargos
de la Filosofía de lo Inconsciente ó entre las canciones más desesperadas de Leopardi? Esta apro-
ximacion no parecerá forzada á los que saben
que el pesimismo del poeta italiano ha revestido
desde un principio la forma religiosa. Existe en
el cristianismo un aspecto sombrío, dogmas temerosos, un espíritu de austeridad, de abnegacion, hasta de ascetismo, que sin duda no es toda
la religion, pero que es una parte esencial de
ella, un elemento radical y primitivo anterior á
las atenuaciones y á las enmiendas que la impo-
nen sin cesar las complacencias del yo ó los desmayos de la fe. Por otra parte, cada cual hace
un poco la religion á su imágen y la imprime el
sello peculiar de su espíritu. El cristianismo,
visto exclusivamente de este lado y bajo este
aspecto, como una doctrina de expiacion, como
una teología de lágrimas y de espanto, puede
muy bien herir las imaginaciones enfermas ó
inclinarlas á una especie de pesimismo. No está
lejos, en efecto, esta manera de comprender el
cristianismo del jansenismo. La naturaleza humana corrompida, la perversidad radical puesta
al desnudo, la incapacidad absoluta de nuestras
facultades para lo verdadero y lo bueno, la necesidad de distraer este pobre corazon que quie-

re huir de sí mismo y de la idea de la muerte
agitándose en el vacío, y sobre todo esto el perpétuo pensamiento del pecado original que arroja sobre esta miserable alma con sus consecuencias más extremadas y más duras, la union contínua y casi sensible del infierno, el pequeño número de los elegidos, la imposibilidad de salva-
cion sin la gracia,—¡y qué gracia! «no sólo la
gracia suficiente que no basta,»—por último, este
espíritu cruel de mortificacion, este desprecio de
la carne, este terror al mundo, la renuncia de
todo lo que constituye el precio de la vida, un
cuadro semejante extraido de las *Provinciales* y
de los pensamientos, era muy propio para agra-
dar al futuro autor del *Bruto minore* y de la *Ginestra,* en sus sombrías meditaciones de Recanati. Pero esta analogía de sentimientos no dura.
¿Quién no percibe la diferencia entre las dos inspiraciones desde que se entra en una conversa-
cion familiar con el alma grande de Pascal tan
dolorida y tan tierna? El pesimismo de Pascal
tiene por fondo una ardiente y activa caridad;
quiere atemorizar y consternar al hombre. ¡Pero
qué profunda piedad en esta violenta lógica!
Cierra todas las salidas á la razon, mas es para
llevarla de un vuelo recto al Calvario y trasfor-
mar estas tristezas en eterna alegría. Tortura
su génio para descubrir nuevas demostraciones

2

de su fe; se diria que sucumbe bajo la responsabilidad de las almas que no ha podido convencer, de los espíritus que no ha iluminado.

Lo mismo sucede bajo cierto aspecto, aunque por diferentes razones, con lo que podria llamarse el terrorismo religioso de José de Maistre. Es muy cierto que á primera vista parece una especie de pesimismo esta lúgubre apología de la Inquisicion, este dogma de la expiacion, aplicado á la penalidad social, esta teoría mística y feroz del sacrificio sangriento, de la guerra considerada como institucion providencial, del cadalso colocado en la base del Estado. El corazon se encoge ante el espectáculo de la vida humana, presa de poderes formidables, y de la sociedad sometida á un yugo de hierro bajo un amo, que es un Dios terrible, servido por ministros sin compasion. Pero este aparato de terror no puede resistir un instante de reflexion. Bien pronto se advierte que todo esto son paradojas de combate, apologías y afirmaciones violentas, opuestas á los ataques y á las negaciones de otros. José de Maistre es más bien un polemista que un apologista del cristianismo; la batalla tiene sus arrebatos; la elocuencia, la retórica, tienen tambien su embriaguez en medio de la lucha; á M. de Maistre le arrastran sin que tenga fuerzas para gobernarlas. Los argumentos no le bastan, los lleva hasta la hipérbole. Es un gran escritor á quien falta un poco de razon, un gran pintor que abusa del efecto: su pesimismo tiene un valor extremado.

En vano se buscaria en la historia del cristianismo, salvo quizá en·algunas rectas gnósticas, nada semejante á esta nueva filosofía. En la India es donde el pesimismo tiene sus verdaderos abuelos; así lo reconoce él mismo y se vanagloría de ello. La afinidad de las ideas de Schopenhauer con el budihismo ha sido mostrada con frecuencia. Nosotros no insistiremos sobre este punto; recordaremos tan sólo que el pesimismo ha sido fundado en la noche solemne en que sentado bajo la higuera de Gaja, meditando sobre la miseria del hombre y buscando los medios de libertarse de estas existencias sucesivas, que no eran más que un cambio sin fin de miserias, el jóven príncipe Çakya exclama: «Nada es estable sobre la tierra. La vida es como la chispa producida por el frotamiento de la madera. Aparece y se extingue sin que sepamos de dónde viene ni á dónde va.

...Debe de haber una ciencia suprema, en la cual podriamos encontrar el reposo. Si yo la alcanzase podria llevar á los hombres la luz. Si yo fuera libre podria libertar al mundo... ¡Ah! desgraciada juventud, que la vejez ha de destruir.

¡Ah! desgraciada salud, que tantas enfermedades destruye. ¡Ah! desgraciada vida, en la cual
el hombre permanece tan pocos dias!... ¡Si no
hubiera vejez, ni enfermedad, ni muerte! ¡Si la
vejez, la enfermedad y la muerte fuesen para
siempre encadenadas!» Y la meditacion continúa extraña, sublime, desolada. «Todo fenómeno es vacío, toda sustancia está vacía; fuera no
hay mas que el vacío.» Y tambien. «El mal es
la existencia; lo que produce la existencia es el
deseo; el deseo nace de la percepcion de las formas ilusorias del sér. Todos estos son efectos de
la ignorancia. Así, pues, la ignorancia es, en
realidad, la causa primera de todo lo que parece
existir. Conocer esta ignorancia es al mismo
tiempo destruir los efectos (1).» La ciencia suprema es la ignorancia cuando cesa de engañar-
se á sí misma. Es al mismo tiempo la libertad
suprema, la cual posee cuatro grados recorridos
sucesivamente por el Bucho moribundo: conocer
la naturaleza y la vanidad de todas las cosas,
abolir en sí el juicio y el razonamiento, alcanzar
la indiferencia, llegar, en fin, á la desaparicion
de todo placer, de toda conciencia, de toda memoria. Aquí es donde comienza el nirvana: toda
luz se extingue, es la noche, la nada; pero la

_____

(1) Max Muller.—Ensayo sobre las religiones.

nada se consuma únicamente en la más alta esfera del nirvana, donde no existe ni áun la idea de la nada: ni ideas, ni ausencia de ideas, nada. «El mal es la existencia,» hé aquí la primera y la última palabra del pesimismo. Hé aquí el extraño pensamiento en el cual se abstrae en este momento algun piadoso indio, buscando la huella de los pasos de Çakya-Monni sobre el mármol del templo de Benares. Hé aquí el problema sobre el que meditan vagamente á estas horas millares de monjes budhistas en la China, en la isla de Ceylan, en la Indo-China, en el Nepal, dentro de sus conventos y de sus pagodas, ébrios de sueños y de contemplaciones infinitas. Hé aquí el texto sagrado que sirve de alimento intelectual á todos estos anacoretas, á todos estos sacerdotes, á todos estos teólogos del *Triptaka* y del *Lotus de la buena ley*, á estas multitudes que piensan y que oran en torno suyo, y que se cuentan por cientos de millones. Tal es tambien el lazo misterioso que une estos pesimistas del extremo Oriente, desde el fondo de los siglos y á través del espacio, á estos filósofos refinados de la Alemania contemporánea, que despues de haber atravesado todas las grandes esperanzas de la especulacion, despues de haber agotado todos los sueños y todas las epopeyas de la metafísica, vienen saturados de ideas y de ciencia á proclamar la nada de todas las cosas, y repiten con sábia desesperacion la frase de un jóven príncipe indio, pronunciada hace más de veinticuatro siglos en las orillas del Ganjes: «El mal es la existencia.»

Ahora se comprende en qué sentido y hasta qué punto la enfermedad del pesimismo es una enfermedad esencialmente moderna. Es moderna por la forma científica que ha tomado en nuestros dias, es nueva en las civilizaciones del Occidente. ¡Qué cosa tan extraña es este renacimienso del pesimismo budhista al que asistimos, con todo el aparato de los más doctos sistemas, en el corazon de la Prusia, en Berlin! Que 300 millones de asiáticos beban á grandes sorbos el ópio de estas fatales doctrinas que enervan y embotan la voluntad, es ya muy extraordinario; pero que una raza enérgica, disciplinada, tan admirablemente constituida para la ciencia y para la accion, tan práctica, y al mismo tiempo tan calculadora, belicosa y dura, lo contrario seguramente de una raza sentimental; que una nacion formada de estos robustos y vivos elementos, haga una acogida triunfal á estas teorías de la desesperacion, resucitada por Schopenhauer, que su optimismo militar acepte con cierto entusiasmo la apología de la muerte y de la nada, es cosa que á primera vista parece inexplicable.

Y el éxito de la doctrina nacida en las márgenes
del Ganjes, no se detiene en las orillas del
Spreo. La Alemania entera tiene fija su atencion en este movimiento de las ideas. La Italia
con un gran poeta se habia adelantado á la corriente; la Francia, como veremos, la ha seguido
hasta cierto punto: tambien tiene sus pesimistas. La raza eslava no ha escapado á esta extraña y funesta influencia. Mirad esa propaganda
desenfrenada del nihilismo, de la cual se asusta,
no sin razon, la autoridad espiritual y temporal
del Czar, y que esparce por toda la Rusia un espíritu de negacion desvergonzada y de fria inmoralidad. Mirad, sobre todo, esa monstruosa
secta de los Skopsy, de los mutilados que «ha-
ciendo, como dice Leroy-Beaulier, un sistema
moral y religioso de una práctica degradante de
los harems del Oriente, materializando el ascetismo y reduciéndolo á una operacion quirúrgi-
ca,» proclaman por este vergonzoso y sangriento
sacrificio, que la vida es mala y que es conveniente secar la fuente de ella. Esta es la forma
más degradante del pesimismo; pero es tambien
su expresion más lógica. Es un pesimismo para
uso de las naturalezas groseras y arrebatadas
que van derechas al fin del sistema, sin detenerse en las inútiles elegías y en las elegantes ba-
gatelas de los espíritus cultos que pasan la vida
lamentándose.

II

Observemos de más cerca la filosofía moderna del pesimismo, y tratemos de recojer sus primeros síntomas en el siglo XIX. La ocasion se. nos presenta con la publicacion de los profundos estudios que jóvenes escritores como M. Bouché-Leclercq y M. Anlard, han consagrado en estos últimos años á Leopardi, y que dando novedad sobre ciertos puntos al asunto (1) nos permiten comprender mejor el carácter de su obra.

---

(1) *Giacomo Leopardi, su vida y sus obras,* por M. Boucher-Leclerq.—Un capítulo de los *Ensayos sobre Italia,* por M. Gebhart.—*Ensayo sobre las ideas filosóficas y la inspiracion poética de G. Leopardi seguido de obras inéditas,* eto., por M. Anlard.—No olvidemos que en este asunto, como en tantos otros, M. de Sainte-Renne habia abierto el camino por medio de un trabajo magistral publicado en la *Revista de dos mundos* el 15 de Setiembre de 1844, y recordemos que nuestro colaborador Mazade ha consagrado un estudio de una simpatía muy decidida á los *Sufrimientos de un pensador italiano,* en la Revista de 1.º de Abril de 1861.

Agradezco á M. Anlard el haberse aplicado á poner de relieve el pensamiento del filosófo, borrado con frecuencia por los pálidos resplandores del poeta y el lirismo del patriota. Hubiera deseado todavía más atrevimiento y decision en el desempeño de esta idea. ¿Qué importa que Leopardi sea ménos dogmático que los filósofos alemanes, que no tenga sistema y que su pesimismo derive de una negacion universal en vez de ser la deduccion de una teoría metafísica? ¿No es la ausencia de todo sistema, un sistema tambien que ha figurado en el mundo, pues es el de los excépticos? Se nos dice que Schopenhauer ha querido fundar escuela y que en efecto la ha fundado, mientras que Leopardi, aunque habla varias veces de «su filosofía» no escribe para propagar su doctrina. ¿Quién lo sabe? ¿Por ventura, un hombre póeta ó filósofo, escribe para otra cosa que para esparcir sus ideas, y no es propagarlas el expresarlas con tanto·brillo y con tanta fuerza? Aquellas son razones muy endebles. Lamento que el jóven autor, hallándose en camino de un problema tan interesante no lo haya resuelto; pero nos ha dado facilidad para resolverlo por la rica variedad de documentos que nos ofrece, las traducciones y los comentarios que ha coleccionado y que nosotros vamos á aprovechar.

¿Por qué el capítulo titulado Leopardi y Schopenhauer, no es más que un capítulo episódico,
uno de los más insignificantes del libro en vez
de ser el más importante? En estas páginas harto
breves, trataremos de mostrar que ha existido
produccion casi simultánea de las mismas ideas
en el poeta italiano y en el filósofo aleman, sin
que pueda observarse ninguna recíproca influencia del uno sobre el otro. Precisamente en el
año de 1818, mientras que en el retiro de su soledad amarga y enojosa de Recanati se presen-
taba en el alma de Leopardi esa fase tan grave
que le hacía pasar casi sin transicion desde el
cristianismo á la filosofía de la desesperacion,
fué el mismo año en que Schopenhauer partia
para Italia despues de haber entregado á un edi-
tor su manuscrito de *El Mundo considerado como
voluntad y como representacion.* El uno, confinado
en la pequeña ciudad que servia de cárcel á su
ardiente imaginacion; el otro impaciente de la ce-
lebridad que debia tardar aun veinte años, igualmente oscuros ambos, seguramente no se encon-
traron; es tambien cierto que Leopardi no leyó
jamás el libro de Schopenhauer, que no debia
propagarse hasta mucho más tarde aun en Alemania, y que Schopenhauer no conoció hasta
mucho tiempo despues, si es que llegó á cono-
cerlo, el pesimismo de un escritor que Niebuhr

habia dado á conocer á sus compatriotas como un
helenista, y que en Francia no era entonces
apreciado mas que como un poeta patriota.

En cuanto á la cuestion de saber si Leopardi
tiene derecho á ser colocado entre los filósofos,
basta comparar la teoría de la *infelicitá*, con lo
que se ha llamado «la enfermedad del siglo,» la
enfermedad de Werter y de Jacobo Urtis, la de
Lara de René y de Rolla (1). Se ha hablado con
poco fundamento del pesimismo de lord Byron
ó del de Chateaubriand; este no es, bien considerado, mas que una forma del romanticismo, el
análisis idólatra y morboso del *yo* del poeta,
concentrado respetuosamente en sí mismo y
contemplándose hasta que se produce en él una
especie de éxtasis doloroso de embriaguez, dando gracias á Dios, «de haberle hecho fuerte y
solitario (2)», oponiendo su sufrimiento y su
aislamiento á los goces de la multitud grosera,
pagando á este precio su grandeza y esforzándose en hacer de la poesía un altar digno de la víctima.

La antigüedad, que en este punto era del sen-

---

(1) M. Bouche Leclercq, ha tocado con acierto este
punto interesante en varios pasajes de su obra sobre
todo, pág. 75-76.

(2) Alfredo de Vigny, *Moisés.*

tir de Pascal, odiaba al *yo*, y lo proscribia: las costumbres, de acuerdo con el gusto general, á duras penas permitian estos desahogos de una personalidad llena de sí misma, y aficionada naturalmente á dar demasiada importancia á sus tristezas y alegrías. Los dioses, los héroes, la pátria, el amor, sin duda tambien, pero en la expresion de sus sentimientos generales no en el análisis de los incidentes biográficos, hé aquí el fondo de la poesía antigua; la poesía personal es rara. Esta fuente de inspiracion tanto tiempo comprimida, ha brotado en nuestro tiempo, ya se sabe á qué altura y con qué abundancia.—De este culto, alguna vez extravagante, del *yo*, ha salido el lirismo contemporáneo con sus grandezas y sus pequeñeces, sus inspiraciones sublimes y sus infatuaciones; de ahí todos estos dolores literarios que han agitado tan profundamente, conmovido toda una generacion, y que las nuevas generaciones, con su educacion científica y positiva, la cuesta trabajo tomar en sério. Pero estas altaneras ó elegantes tristezas nada tienen de filosóficas, no proceden de una concepcion acerca del mundo y de la vida; salidas del *yo*, tornan á él, en él se encierran y en él se complacen con un delicado orgullo: se guardarian, como de una profanacion, de compartirlas con el vulgo. No es la humanidad la que sufre, es el poeta, es decir, una naturaleza excepcional. Para que semejantes sufrimientos puedan ligarse á una teoría filosófica, no tanto les hace falta sinceridad y profundidad, como la generalidad del sentimiento en que se inspiran. El pesimismo, por el contrario, no hace del dolor un privilegio, sino una ley: no crea una aristocracia de desesperados. La sola superioridad que reivindica para el génio es la de ver con claridad lo que el vulgo siente de un modo confuso. La existencia entera la dedica á la desgracia, y esta ley de padecer la extiende del hombre á la naturaleza, de la naturaleza á su principio, si es que lo hay y puede conocerse. El mal subjetivo podria no ser más que un accidente insignifican te en el mundo: el mal objetivo es lo que hace ver el mal impersonal absoluto, que reina en todos los grados y en todas las regiones del sér. Esto sólo puede ser una filosofía: lo demás es literatura, biografía ó novela.

Ahora bien: aquello es lo que caracteriza la teoría de la *infelicitá* en Leopardi. Ha sufrido, sin duda mucho, de todas maneras, por desgracias físicas, que pesaron de un modo muy fuerte sobre su juventud, y por una salud arruinada que arrastró á través de su vida como una amenaza perpétua de muerte, por ese hastío desesperado que le consumió en la pequeña ciudad de Recanati, por la pobreza de la cual conoció los más humillantes sinsabores y, sobre todo, por esa sensibilidad nerviosa que trasformaba en suplicio intolerable las menores contrariedades, y á más de esto las amarguras de la ambicion fracasada, las decepciones todavía más amargas de un corazon enamorado del amor y que no pudo percibir de él mas que el fantasma.—Sí, es mucho lo que ha sufrido. No obstante, su teoría no es únicamente, y él no consiente que se vea en ella la expresion de sus sufrimientos: si procede de una experiencia, es de una experiencia generalizada; se trasforma en un conjunto de conceptos razonados y enlazados acerca de la vida humana.

Es preciso ver cómo el filósofo, que Leopardi nota dentro de sí, se defiende por no haber lanzado en el mundo mas que el grito de un dolor íntimo, como teme exponer su corazon dolorido á la curiosidad pública, con qué orgullo rechaza la limosna de las simpatías que no ha solicitado y que le avergüenza. «No es más que por un efecto de la cobardía de los hombres que necesitan ser persuadidos del mérito de la existencia, por lo que se han querido considerar mis opiniones filosóficas como el resultado de mis sufrimientos particulares, y se atribuya á mis circunstancias materiales lo que es debido sólo á mi entendi-

miento. Antes de morir quiero protestar contra
esta invencion de la debilidad y de la vulgari-
dad, y suplicar á mis lectores que traten de con-
batir mis observaciones. y mis razonamientos,
mejor que acusar á mis enfermedades (1).» Que
exista un enlace entre las desgracias de esta vida y la dura filosofía en que se refugió el poeta
como en un último asilo, no ofrece ninguna duda; no es posible separar la figura acongojada de
Leopardi del fondo monótono de sus pinturas
y de sus doctrinas (2); pero es preciso reconocer
que por un esfuerzo meritorio de libertad intelectual, borra, hasta donde es posible, sus recuerdos personales para la solucion que da al problema de la vida. Eleva esta solucion á un grado de generalidad en què comienza la filosofía;
su pesimismo es un pesimismo sistemático y no
la apotéosis de su miseria. Por un rasgo que
quisiéramos poner bien en claro, se distingue
perfectamente de la escuela de los líricos y desesperados, en la cual se ha querido introducirle;
no tiene mas que un parentesco muy lejano con
los Rolla, que le han reclamado por hermano;

(1) · Carta á M. de Sinner.—24 Mayo 1832.
(2) M. de Anlard traspasa lo justo cuando toma al
pié de la letra la protesta de Leopardi y examina, bajo
este punto de vista, para refutarla, lo que él llama la
leyenda dolorosa, formada por sus biografías.

los sobrepuja por la altura del punto de vista
cósmico, al cual se eleva; ha querido ser filósofo,
ha merecido serlo; lo es.

Juzguémosle, pues, como él desea ser juzgado,
y veamos con qué exactitud la teoría de la *infelicitá*, esparcida en todas las poesías, recuerda ó,
mejor dicho, anuncia las inspiraciones de la filosofía alemana contemporánea.

III

No hay más que tres formas de felicidad posible para la humanidad, tres maneras de comprenderla y de realizarla. Se equivocaria el que
que quisiera excitar y torturar su imaginacion
para inventar alguna felicidad inédita; puede
asegurarse que esta felicidad entraria en los cuadros trazados de antemano, y esta es ya una
prueba manifiesta de la pobreza de nuestra facultad de sentir, y de la esterilidad de la vida.
—O bien se cree poder alcanzar la felicidad
en el mundo tal como es, en la vida actual ó individual, sea por el libre ejercicio de los sentidos, la riqueza y la variedad de las sensaciones;
ó ya por el desenvolvimiento de las facultades
del espíritu, el pensamiento, la ciencia, el arte

3.

y las nobles emociones que de aquí resultan, ó ya por la actividad heróica, el gusto de la accion, la pasion del poder y de la gloria.

—O bien se trasporta la idea de la felicidad, se la concibe como realizable para el indivíduo en una vida trascendente despues de la muerte: es la esperanza en la cual se precipita la muchedumbre de los que sufren, de los pobres, de los despreciados por el mundo, de los desheredados de la vida; es el asilo abierto por las religiones, y particularmente por el cristianismo á las miserias sin remedio, y á los dolores sin consuelo.

—O bien, por último, separándose del *más allá* trascendente, se concibe un más allá terrestre, un mundo mejor que el mundo actual que cada generacion prepara sobre esta tierra por sus trabajos y sus experiencias. Se hace el sacrificio de la felicidad individual para asegurar el advenimiento de este ideal nuevo, nos elevamos al olvido de nosotros mismos, á la conciencia y á la voluntad colectiva, se goza de antemano con la idea de esta felicidad, para la cual se trabaja y que otros gozarán, se la *quiere* para sus descendientes y nos embriagamos con la idea de los sacrificios que reclama: este noble sueño de felicidad de la humanidad futura sobre la tierra, por los descubrimientos de la

ciencia, por las aplicaciones de la industria, por
las reformas políticas y sociales, es la filosofía
del progreso, que en ciertas almas entusiastas
se convierte en una religion.—Hé aquí las tres
teorías de la felicidad en las cuales se halla ago-
tada la imaginacion de la humanidad: estos son
los «tres estados de la ilusion humana» de Hartmann, sucesiva é inútilmente recorridos por las
generaciones que se remplazan sobre la escena
del mundo, y que cambiando de creencia sin
cambiar de desengaño, no hacen más que agi-
tarse en el círculo de un infranqueable error, la
incorregible creencia en la felicidad.

M. de Hartmann no tiene razon al pensar
que estos tres estados de ilusion se suceden. Son
simultáneos, coexisten en la vida de la humanidad, no ha habido tiempo alguno en que no
hayan estado representados; son tres razas eter-
nas de espíritus más bien que tres edades históri-
cas. A la hora en que yo escribo, ¿no hay en la
inmensa variedad de la sociedad contemporánea
optimistas del tiempo presente, optimistas de la
vida futura, optimistas de la edad de oro que
el progreso hará surgir sobre la tierra? Además,
estos diversos estados muchos hombres los re-
corren en una sola vida: cualquiera de nosotros
ha perseguido sucesivamente la imágen de la
felicidad en los sueños de la vida actual, en la

vida futura, en el porvenir de la humanidad. Por último el órden de sucesion y de desenvolvimiento que M. de.Hartmann señala, no es por ningun concepto un órden rigoroso; todo hombre puede recorrer estas diversas etapas en un ó:den diferente, hasta en un órden inverso; no es raro ver un alma, despues de haber atravesado las ilusiones de la felicidad terrestre, detenerse y reposar en la fe de lo invisible y lo divino. Y al mismo tiempo no es imposible que esta evolucion se lleve á cabo de un modo contrario, comenzando por las más nobles aspiraciones religiosas y concluyendo en la indolencia optimista.

Leopardi atravesó estos tres estados, y no deteniéndose en ninguno, ha descrito cada uno de ellos, y nos ha mostrado con rasgos singularmente enérgicos, por qué no se ha detenido, y el error de los hombres que piensan encontrar en ellos un abrigo. Hasta la edad de diez y ocho años, su adolescencia soñadora no franqueó sinó rara vez los límites de la fe religiosa. Emplea los recursos ya variados de su erudicion en componer una especie de apología de la religion cristiana, el *Ensayo sobre los errores populares de los antiguos* (1815). Pero ya bajo esta nomenclatura de las supersticiones de la antigüedad, dioses y diosas, oráculos, apariciones, mágia, al lado de apóstrofes, á "la religion del amor" que

le encanta y le consuela en sus juveniles dolores,
se encuentran ciertas señales del excepticismo
futuro. Al mismo período de su vida pueden re-
ferirse sus *Proyectos de himnos cristianos* que ani-
man ya de un modo tan triste el sentimiento del
dolor universal. Es ya un pesimista el que se
dirige en estos términos al Redentor: «Tú lo
sabias todo desde la eternidad; pero permites á la
imaginacion humana que te consideremos como
el más íntimo testimonio de nuestras miserias.
Tú has experimentado esta vida que es la nuestra; tú has conocido la nada de ella; tús has sentido la angustia y la infelicidad de nuestro
sér....» Y tambien en esta suplica al Creador:
«Ahora voy de esperanza en esperanza, errando
todo el dia y olvidándote, aunque siempre engañado... Vendrá un dia en que, no teniendo ya
otro estado al cual acudir, pondré toda mi esperanza en la muerte y entonces recurriré á tí...»
Esta hora del recurso supremo no llegó; en el
mismo momento en que arrojaba con mano fe-
bril sobre su papel empapado de lágrimas estos
fragmentos de himno y de oracion, fué cuando per-
cibió que el abrigo de su fe habia desaparecido
de su vista y ya no quedaba nada; permaneció
solo, en pie, con su precoz decrepitud, en medio
de las ruinas de su cuerpo y de su alma ante un
mundo vacío y bajo un cielo de bronce.

Tomó su partido sin vacilar: pasó de una fé
ardiente á una suerte de escepticismo feroz y de-
finitivo, que no admitió jamás ni incertidumbre,
ni combates, ni ninguna de estas aspiraciones
hácia el *más allá*, donde se refugia en una especie de voluptuosidad inquieta el lirismo de nuestros grandes poetas contemporáneos. En Leopardi no hay nada parecido á estas turbaciones
del alma, estas tristezas ó á estas luchas psicoló-
gicas, cuya expresion es tan conmovedora. Permanece inmoble en la soledad que se ha hecho.
Apenas algunas alusiones desdeñosas de pasada
«al temor de las cosas de otro mundo.» En ninguna parte se menciona á Dios ni áun para ne-
garlo.» El nombre mismo parece que se evita:
cuando se ve obligado como poeta á hacer inter-
venir un sér que haga este papel, lo llama Júpiter. La Naturaleza, principio misterioso del
sér, pariente próximo de lo inconsciente de
Hartmann, aparece sola, frente al hombre, en
la meditacion perpétua de lo desconocido que
abruma al poeta: á ella sola es á la que el hombre interroga sobre el secreto de las cosas tan
indescifrable para ella como para él. «Estoy se-
metida al destino, dice ella, al destino que lo or-
dena, cualquiera que sea la causa, causa que ni tú
ni yo podemos comprender.» La Naturaleza y el
destino, es decir, las leyes ciegas é inexorables,

cuyos solos efectos aparecen á la luz, cuyas raíces se sepultan en la noche. Cuando el poeta pone en escena la curiosidad del hombre sobre los grandes problemas, tiene una manera muy particular de buscar un desenlace.—Las momias de Ruysch resucitan por un cuarto de hora; dan cuenta de cómo murieron. «¿Y qué es lo que hay despues de la muerte? pregunta Ruysch; pero el cuarto de hora ha trascurrido, las momias se callan.—

En otro lugar hay un extraño diálogo de un islandés que, despues de haber esquivado la sociedad, ha huido de la naturaleza, y encontrándola frente á frente en el fondo del Sahara la apremia con preguntas, de las cuales cada una es una queja. «¿Por qué me ha enviado sin contar conmigo á este nuevo mundo? ¿Por qué, si me ha hecho nacer, no se ha ocupado de mí? ¿Cuál es, pues, su objeto? ¿Qué pretende? ¿Qué quiere? ¿Es mala ó impotente?» La Naturaleza contesta que ella no tiene más que un cuidado y un deber: dar vueltas á la rueda del Universo, en la que la muerte es el sosten de la vida y la vida de la muerte. «Pero entonces,—responde el islandés,—puesto que todo lo que se destruye sufre, puesto que lo que destruye no goza y es bien pronto destruido á su vez, dime lo que ningun filósofo sabe decirme: ¿á quién agrada, pues, á quién es útil esta vida

desgraciada del Universo, que no súbsiste mas
que por la ruina y por la muerte de todos los
elementos que la componen!" La Naturaleza no
se toma el trabajo de contestar á su molesto in-
terlocutor: dos leones hambientos se arrojan so
bre él y lo devoran, esperando la muerte á su
vez sobre la arena del desierto.

El silencio, hé aquí la sola respuesta á estas
grandes curiosidades que van á estrellarse contra un muro infranqueable ó á perderse en el
vacío. No hay, pues, felicidad que esperar bajo
una forma trascendente. Hé aquí el primer estado de ilusion atravesado por Leopardi, ó más
bien por la humanidad que lleva en él. Ha de-
mostrado al hombre la sinrazon de sus esperanzas fundadas sobre lo invisible. Pero al ménos
el hombre no podrá gozar del presente, puesto
que no tiene porvenir, tratar de engrandecer su
sér por medio de los grandes pensamientos y
las grandes pasiones, confundirle con una in-
molacion sublime ya con la pátria que le hará
un héroe poderoso y libre, ya con otro sér al
cual le hará donacion de un sér y se enriquecerá
con su propia felicidad? ¡El patriotismo, el amor,
la gloria, cuántas razones para vivir todavía;
aunque el cielo esté vacío, cuántas maneras de
ser feliz! Y si es preciso renunciar á las quimeras del ideal, todo esto no es bien sólido y sus-

tancial, todo esto no es la realidad misma bajo su forma más noble y más bella, y no vale la pena de vivir!

Nadie mejor que Leopardi, ciertamente, ha sentido en sí el alma de la pátria. Leyendo su *Oda á Italia* parece que escuchamos á un hermano de Petrarca ó un rival de Alfieri. El que escribia estos versos que todas las mentes italianas han retenido, que todas las bocas repiten y que han valido, sin duda, muchos batallones de voluntarios al vencido de Novara y al vencedor de San Martino, es indudablemente un gran patriota, pero es un patriota desesperado. Ama á su pátria, pero la ama en el pasado: no cree en su porvenir. Cuando ha celebrado en versos ardientes su gloria desvanecida, cuando ha evocado para despertarla de su sueño el recuerdo de las guerras médicas y entona, terminándolo, el himno interrumpido de Simonides, el desaliento se apodera de él ante la Italia cautiva y resignada. Y ya las poesías de esta época qué amargura respiran: «Oh, gloriosos antepasados, ¿conservais alguna esperanza por nosotros? ¿No hemos perecido por completo? Quizá tengais el poder de conocer el porvenir. Yo estoy abatido y no tengo ninguna defensa contra el dolor; oscuro es para mí el porvenir y todo lo que alcanzo á distinguir de él, es tal, que hace

que la esperanza me parezca un sueño y una locura» (1). Los grandes italianos, Dante, Taso,
Alfieri, ¿para qué han trabajado? ¿En qué han
parado definitivamente sus esfuerzos? Los unos
han concluido por no creer en la pátria; los otros
se han estrellado en una lucha insensata. Dante mismo, ¿qué ha hecho? Ha preferido el infierno á la tierra: hasta tal punto le era la tierra
odiosa! «¡El infierno! ¡Y qué region, en efecto,
no vale más que la nuestra? Y sin embargo,
ménos pesado, ménos doloroso es el mal que se
sufre, que el hastío que sofoca. ¡Oh, feliz tú,
que pasaste la vida llorando!» Él mismo tambien descendió al fin de su vida á los infiernos
en el poen a burlesco y trágico á la vez, el más
largo que ha escrito (ocho cantos y cerca de tres
mil versos), los *Paralipomenos de la Batrachom-
yomachia;* mas fué para burlarse dura y triste-
mente de la ilusion patriótica que habia hecho
latir un instante su corazon.—Aquí, como en
otros muchos puntos, podemos observar que el
pesimismo se equivoca, como se engaña frente á
la esperanza obstinada de una nacion, que crí-
men contra la vida y contra la pátria se puede
cometer desalentando estas grandes ideas, aba-
tiendo las energías viriles de un hombre y de

(1) *Ode á Angelo Mai.*

un pueblo. El italiano que no hubiese cedido á
un desaliento prematuro, que hubiese luchado
hasta el fin contra la decepcion de los hombres
y la transiccion de la fortuna, estaria más inspirado que el poeta: treinta años más tarde el patriota hubiese tenido razon contra el desesperado.

Pero no es sólo el italiano el que es preciso
ver en Leopardi, sino el intérprete de la humanidad. Estas grandes sombras antiguas á quienes
ha consagrado tan bellos cantos, las evoca para
hacerlas proclamar la locura de su heroismo y la
nada de su obra. Bruto, el jóven, es el que en
1824 lanza en una oda famosa el anatema sobre
estas inmolaciones sublimes que eran la fe de la
antigüedad y abdica de su patriotismo estéril.
«No, yo no invoco al morir, ni á los reyes del
Olimpo y del Cocyto, ni á la tierra indigna, ni
á la noche, ni á tí, último rayo de la negra
muerte ó memeria de la posteridad! ¡Cuándo
aconteció que una tumba haya sido tranquilizada
por los sollozos ó adornada por las palabras de
una vil multitud? Los tiempos se precipitan hácia lo peor y nos engañaríamos mucho al contar
á nuestros nietos corrompidos el honor de las
almas ilustres y la suprema venganza de los desgraciados. ¡Que en torno mio agite el pájaro ra-
paz sus alas! ¡Qué este animal me despedace,

que el huracan arrastre mis despojos ignorados
y que el aire lleve consigo mi nombre y mi memoria!"

La gloria literaria, esta gloria por la cual
Leopardi mismo confiesa que siente una pasion
inmoderada, ¿vale la pena que nos tomamos por
adquirirla? *Il Parini* nos hace ver claramente á
qué se reduce este fantasma. Se creeria leer una
página de Hartmann; hasta tal punto se parecen
los argumentos de los dos pesimistas. Nadie ne-
gará, dice Hartmann, que cuesta mucho trabajo
producir una obra. El génio. no cae del cielo
completamente formado: el estudio que debe
desenvolverlo antes que esté lo suficiente ma-
duro para producir frutos, es una tarea penosa,
abrumadora, en que los placeres son raros de
ordinario, salvo aquellos quizá que nacen de la
dificultad vencida y de la esperanza. Si á costa de
una larga preparacion se coloca uno en estado de
producir algo, los solos momentos felices son los
de la concepcion; pero bien pronto les suceden
las horas largas de la ejecucion mecánica, técnica de la obra. Si no estuviera aguijoneado por
el deseo de concluir, si la ambicion ó el amor á
la gloria no impulsáran al autor, si ciertas consideraciones exteriores no le obligáran á apresu-
rarse, si en fin, el espectro del hastío no se levan-
tara por detrás de la pereza, el placer que nos

podemos prometer de la produccion, no bastaria
para hacer olvidar las fatigas. ¡Y la crítica envidiosa ó indiferente! ¡Y el público tan limitado y
tan poco competente! Que se pregunte cuántos
hombres por, término medio, son accesibles de
una manera séria á los placeres del arte y de la
ciencia. (1)

Esta página de Hartmann es el análisis más
fiel de los argumentos de *Il Parini*, que termina
de este modo: "¡Qué es un gran hombre? Un
hombre que muy pronto no representará nada.
La idea de lo bello cambia con el tiempo. En
cuanto á las obras científicas son pronto desacre-
ditadas y olvidadas. El matemático más media-
no.de nuestros tiempos sabe más que Galileo y
Newton. Pues éntonces la gloria es una sombra
y el génio de quien es la única recompensa, el
génio es un regalo funesto para quien lo recibe.

Queda el amor, último consuelo posible de la
vida presente ó, por mejor decir, última ilusion,
pero la más tenaz, que es preciso disipar para
convencerse de que la vida es mala y que la más
feliz, vale ménos que la nada. Es un error como
todos los demás pero que persiste más tiempo
que los otros, porque los hombres creen alcanzar en él una sombra última de felicidad, des-

_____

(1) *Filosofía de lo Inconsciente* III parte,, XIII cap.

pues que han sido engañados en todo. *Error bea-*
to,—dice con frecuencia el poeta.—Que sea error;
¿qué importa, si este error nos hace felices? No,
no nos hace felices, aunque nos engañe y nos
atraiga sin cesar; es una fascinacion que siempre
está renaciendo, que cada vez nos deja más des-
consolados, y que cada vez se apodera más de
nuestro corazon apasionado de su mismo error.
La lucha del hombre con este fantasma que nunca deja de irritar su imaginacion, que no se deja
conjurar, ni por la cólera, ni por el desprecio,
ni por el desden, ni por el olvido, con qué elocuencia está descrita en las *Ricordanze* en el *Ri-*
sorgimento, en *Aspasia,* sobre todo! Es conocida
la historia de los infortunios amorosos del poeta, para quien amar no fué más que una ocasion
de sufrir. Dos veces, sobre todo, su corazon fué
ocupado, y dos veces fué deshecho; en los dos
extremos de su corta existencia, el fantasma
pasó cerca de él, hizo brillar la alegría ante sus
ojos, un relámpago de alegría bien fugitivo, y
despues que el fantasma hubo pasado, el poeta,
que habia creido cogerle y estrecharle entre sus
brazos, quedó más solo y más desolado.—¡Qué
quereis! El poeta era torcido y contrahecho, no
tenia más que génio. Schopenhauer le hubiera
explicado su caso en dos palabras: «La estupidez,
—dice este terrible humorista,—no repugna á

las mujeres. El génio es el que suele desagradarlas como una monstruosidad. No es raro ver á un hombre imbécil y grosero, suplantar en el favor de ellas á un hombre lleno de talento y digno de amor por todos conceptos.» Por otra parte, ¿qué esperar de las mujeres?—añadia, recordando un epígrama griego:—¡tienen los cabellos largos y las ideas cortas!

Leopardi no se vengó de Aspasia con la misma brutalidad, permaneció poeta en su venganza; pero su ironía no es ménos cruel por ser más fina. Leamos otra vez la elegía que lleva este nombre, y en la que su corazon se explaya. En el fondo se da cuenta de su error; es lo de todos los hombres, por lo ménos de los que tienen imaginacion: no es la mujer la que ha amado, es la belleza de la cual ha creido encontrar en ella un rayo. La que acaricia el enamorado con la mirada, es la hija de su imaginacion, es *una idea* muy parecida á la mujer, que el amante, en su éxtasis confuso, cree amar. No es á ésta, sino á la *otra,* á quien él persigue y adora. Al fin, reconociendo su error, y viendo se ha equivocado, se irrita y acusa sin razon á la mujer. Rara vez el espíritu femenino alcanza la altura de esta concepcion, y la mujer no sueña ni podria comprender lo que inspira á ciertos amantes su belleza.

«No hay sitio en estas frentes pequeñas para un pensamiento tan grande.»

No son más que falsas esperanzas las que el hombre se forja con el relámpago luminoso de estas miradas; en vano es que demande sentimientos profundos, desconocidos y viriles á este sér frágil y débil. No, no es á tí á quien yo amaba, exclama el poeta, sino á esta diosa que ha vivido en mi corazon y que en él está sepultada. La belleza, la *angelica beltade* cuyo espejo engañoso hace el encanto de la mujer sobre la cual se pone, la ha cantado tambien Leopardi en el *Pensiero dominante.* Pero, ¿qué es, pues, esta belleza que él·celebra así? ¿Qué puede ser esta cosa, que no es más que idea, un *dolce pensiero?* El poeta nos lo dice: no es más que una quimera, la sombra de una nada, pero que vana, y todo como es, se pega á nosotros y nos sigue hasta la tumba.

Si la belleza no es más que una quimera, si el amor no es más que otra quimera, la sombra de una sombra, debemos comprender por ahí uno de los más sorprendentes fenómenos de la psicología del amor, la asociacion inevitable de esta idea y la de la muerte.

«El amor es fuerte como la muerte,» «la mujer es amarga como la muerte;» estas melancólicas palabras se encuentran á menudo en el *Cán-*

tico de los cánticos, en el *Eclesiates*, y en los *Proverbios*. Estos pensamientos, tan frecuentes en la inspiracion de Salomon, abundan tambien en los líricos. Mas en ninguna parte se ofrece un esfuerzo tan grande como el de Leopardi para convencernos bien de este fenómeno raro. "El Amor y la Muerte son hermanos gemelos: el Destino los engendró al mismo tiempo. Dos cosas tan hermosas no las hay en este mundo de aquí abajo, no las hay tan poco en las estrellas. De la una nace el placer más grande que se encuentra en la mar del sér: la otra calma los grandes dolores... Cuando comienza á nacer en el fondo del corazon la pasion del amor, al mismo tiempo que ella, se despierta en el corazon un deseo de morir lleno de languidez y decaimiento. ¡Cómo es esto? Yo no lo sé; pero tal es el primer efecto de un amor verdadero y poderoso." La misma doncella, tímida y reservada, que de ordinario al nombre de la muerte siente enderezarse sus cabellos, osa mirarla frente á frente, y en su alma inocente comprende la dulzura de morir, *la gentilezza del morir.*—Tratemos de darnos cuenta de este singular fenómeno. Quizá cuando se ama, este desierto del mundo nos aterra: se ve en adelante la tierra deshabitada sin esta novela, única, infinita felicidad que concibe el pensamiento. Acaso tambien el

amante presiénte la terrible tempestad que va á
levantar en su corazon la lucha de los hombres,.
la fortuna y la sociedad conjuradas contra su
felicidad; tal vez, en fin, eñ el secreto temor de
lo que hay de efímero en todo lo que es humano, la desconfianza dolorosa de sí mismo y de
los otros, el temor de no amar ó de no ser amado algun dia, lo cual parece más horrible á los
que aman que la nada misma. Es un hecho que
las grandes pasiones sienten instintivamente
que la tierra no puede contenerlas y que harán
estallar el frágil vaso del corazon que las ha
recibido; por eso se refugian desde luego en el
pensamiento de la muerte como en un asilo. Hé
aquí lo que nos sugiere el poeta cuyo pensamiento, á pesar de un grande esfuerzo, permanece alguna vez, indeciso, y á la página siguiente, bajo
este título expresivo: *A se stesso*, encontramos, á
manera de posdata, un comentario completamente personal de sus últimas desilusiones sobre el amor y los bienes de la tierra: «Y ahora
tú reposarás para siempre, mi fatigado corazon.
Ha perecido el error supremo que habia creido
eterno para mí. Ha perecido. En mí, bien lo
percibo, sè extinguió no sólo la esperanza sino
el deseo mismo de los caros errores. Reposa
para siempre. Has palpitado bastante. No hay
cosa alguna que merezca tus latidos y la tierra

no es digna de tus suspiros.» ¡Mísero poeta!
¿Qué hombre no ha escrito este epitáfio sobre la
tumba en que ha creido sepultar su corazon, y
qué hombre no lo ha dolorosamente desmentido
más de una vez?

Así, arrojado de asilo en asilo, del patriotismo estéril y desconocido á la gloria, de la gloria al amor, el hombre no encontrará al ménos
un consuelo, hasta una felicidad, en este grande
pensamiento del progreso que merece trabajar
sin descanso, que hace que nada se pierda del
trabajo humano y que muestra la miseria del
mundo actual como el precio y el rescate de la
felicidad que han de gozar nuestros descendien-
dientes?—Este es el *tercer estado de ilusion*; Leopardi lo mide, como los otros dos, con una mirada intrépida que no quiere extraviarse con
quimeras, sino ver claramente lo que es y lo
que será siempre, «el mal de todos y la infinita
vanidad de todo.»

No, el porvenir no será más feliz que el presente; será, debe ser aún más miserable.—¡El
progreso! ¡Pero de dónde podrá sacar el hombre
su principio y su instrumento? Del pensamiento,
sin duda; pero el pensamiento es un don fatal:
no vive más que para aumentar nuestra desgracia iluminándola. Vale más mil veces ser ciego
como el bruto y la planta. Hénos aquí muy le-

jos de la caña pensadora.—Él pastor errante
sobre los montes del Himalaya, se dirige á la
luna, condenada, como él, á un eterno trabajo;
la toma por testigo de que las béstias que guarda
son más felices que él; ellas, por lo menos, ig-
noran su miseria, olvidan pronto todo accidente,
todo temor que atraviese su existencia, no expe-
rimentan el hastío (1). Mirad la retama; crece
feliz y tranquila sobre las faldas del Vesubio,
en tanto que á sus piés duermen tantas ciudades
sepultadas, tantas poblaciones presas de la
muerte en el pleno triunfo y el orgullo de la vida. Ella tambien, la humilde retama, sucumbi-
rá tambien un dia al poder cruel del fuego sub-
terráneo; pero ál menos perecerá sin haber le-
vantado su orgullo hasta las estrellas, tanto más
juiciosa y más fuerte que el hombre cuánto que
no se habrá creido inmortal como él (2). Leopardi vuelve cruelmente la frase de Pascal.
«Aún cuando el Universo lo aplastara, el hombre
seria, sin embargo, más noble que él, porque el
hombre sabe que muere y la ventaja que el Universo le lleva. El Universo no sabe nada.» Esto
es precisamente lo que constituye nuestra inferioridad segun Leopardi; saber sin poder. La

(1) Canto de un pastor errante.
(2) La Ginestra.

planta y el animal nada saben de su miseria;
nosotros medimos la nuestra. Y este sufrimiento no tiende á disminuirse en el mundo, sino
al contrario. Las almas más ilustradas, las más
delicadas adquieren tan sólo más aptitud para
sufrir; los pueblos más civilizados son los más
desgraciados. Este es tambien, como ya se sabe,
el tema perpétuo del pesimismo aleman. La
conciencia de la desgracia hace la desgracia más
profunda y más incurable: la miseria de los
hombres y las naciones se desarrolla en proporcion de su cerebro, á medida que su sistema
nervioso se perfecciona y se afina, y que ellos
adquieren por ahí instrumentos más delicados,
órganos más sutiles para sentir el dolor, para
acrecer su intensidad, para eternizarlo por la
prevision y por el recuerdo. Todo lo que el
hombre añade á su sensibilidad y á su inteligencia, lo añade á su sufrimiento.

Tal es el sentido, que se hace claro con esta interpretacion de varios diálogos extraños y oscuros, el *Gnomo y el Duende, Eleandro y Timandro,
Tristan y su amigo,* y de esta *Historia del género
humano,* donde se ve renovarse despues de cada
grande período este disgusto de todo lo que los
hombres habian sufrido en el período preceden-
te, y engrandecerse este amargo deseo de una
felicidad desconocida, que hace su tormento, por

que es extraña á la naturaleza del Universo. Júpiter se cansa de cubrir á esta raza ingrata con sus dones que tan mal se aprovechan y tienen tan mala acogida. Verdad es que el primero de estos benficios habia sido mezclar á la vida verdaderos males para distraer al hombre de su mal ilusorio, y para aumentar por el contraste el valor de los bienes reales. Júpiter no habia ima ginado, por lo pronto, nada mejor para eso, que enviar al hombre una multitud variada de enfermedades y la peste. Despues, observando que el remedio no obra á su gusto y que el hombre se aburre siempre, crea las tempestades, inventa la pólvora, lanza cometas y regula eclipses para arrojar el espanto entre los mortales y reconciliarles con la vida por el temor de perderla. Por último, les concede un incomparable presente, envía entre ellos algunos fantasmas de aspecto excelente y sobrehumano, que fueron llamados Justicia, Virtud, Gloria, Amor de la pátria, y los hombres se tornaron más tristes todavía, más tristes que nunca y más perversos.

El último y el más funesto regalo hecho á los hombres fué la verdad. Se cae en un lamenta- ble error cuando se dice y se predica que la perfeccion del hombre consiste en el convencimiento de lo verdadero, que todos sus males provienen de las ideas falsas y de la ignorancia.

Es todo lo contrario, porque la verdad es triste. La verdad, que es la sustancia de toda filosofía, debe ocultarse cuidadosamente á la mayor parte de los hombres, porque sinó, se cruzarian de brazos y se echarian esperando la muerte. Procuremos con cuidado sostener entre ellos las ideas que nosotros juzgamos falsas y seremos unos verdaderos bienhechores. Exaltemos las ideas quiméricas que hacen nacer los actos y los pensamientos nobles, la abnegacion y las virtudes útiles para el bien general, esas imaginaciones bellas y felices que son las únicas que dan valor á la vida.—Pero la verdad, así que penetra en el mundo, cumple su tarea y todas estas ilusiones que hacian la vida tolerable, caen una por una; hé aquí el sólo progreso.

La ciencia, á lo ménos, ya que no la filosofía, no es capaz de consolarnos con sus magníficos descubrimientos y sus progresos? Puede creerse que el sábio que ha tomado parte en los grandes trabajos de la filologia de su tiempo, que ha conocido á los eruditos ilustres, desde Angelo Mai hasta Niebuhr, émulo él mismo de estos sábios, y destinado, si hubiera querido, á un gran renombre de helenista, ¿puede creerse que vá á perdonar por eso á la ciencia? De ningun modo. Sabemos, con alguna sorpresa, que la ciencia del siglo xix ha decaido tanto por la calidad

como por la cantidad de los sábios. El saber, ó
como se dice, las luces crecen en extension sin
duda; pero cuanto mas acrece la voluntad de
aprender más se debilita la facultad de estudiar:
los sábios andan mas escasos que hace ciento cin-
cuenta años. Y que no se diga que el capital intelectual, en vez de estar acumulado en ciertas
cabezas, se divide entre muchas y gana en esta
division. Los conocimientos no son lo mismo
que la riquezas, que divididas ó aglomeradas, hacen siempre la misma suma. Allí donde todo el
mundo sabe un poco, se sabe muy poco; la ins-
truccion superficial quizá, no precisamente dividida entre muchos hombres, sino comun á
muchos ignorantes. Lo restante del saber no
pertenece mas que á los sábios: ¿y dónde se encuentran los verdaderos sábios, á no ser quizá
en Alemania? En Italia y en Francia lo que crece sin cesar es la ciencia de los resúmenes de las
compilaciones, de todos esos libros que se escri-
ben en ménos tiempo que se leen, que cuestan
lo que valen y que duran en proporcion de lo
que cuestan.

Este siglo es un siglo de niños, que, como
verdaderos niños, quieren hacerlo todo de una
vez sin trabajo profundo, sin fatiga previa.—
¿Por qué no quereis tener en cuenta la opinion
de los periódicos que dicen todo lo contrario?—

Lo sé,—responde Tristan,—que no es otro que
Leopardi, aseguran todos los dias que el siglo XIX es el siglo de las luces, y que ellos son
la luz del siglo: nos aseguran tambien que la
democracia es una gran cósa, que los indivíduos
han desaparecido ante las masas, que las masas
llevan á cabo toda la obra que hacian en otro
tiempo los indivíduos, por una especie de im-
pulsion inconsciente ó de temor divino. Dejad
hacer á las masas, se nos dice; pero estando
compuestas de indivíduos, ¿qué harán sin los indivíduos? Ahora bien, á los indivíduos se los des-
alienta no permitiéndoles esperar nada, ni aún
esta miserable recompensa de la gloria. Se les
discute, se les injuria, se les fuerza á ponerse al
nivel de todo el mundo. En eso solamente, á
pesar de lo que dicen los periódicos que Leopardi persigue con cólera, es en lo que difiere
este siglo de los otros. En todos los otros, como
en este, lo grande ha sido muy raro; solo que en
los otros la medianía es la que ha dominado; en
este es la nulidad.—Pero este es un siglo de
transicion.—¡Donosa escusa! ¡Pues todos los siglos no han sido y no serán de transicion?—La
sociedad humana no se detiene jamás y su trabajo perpétuo es pasar de un estado á otro

«Los libros y los estudios que á menudo me
asusto de haber amado tanto, los grandes pro-

yectos, las esperanzas de gloria y de inmortali-
dad, son cosas de las cuales pasó ya el tiempo de
reirse; así que yo me guardo bien de reirme de
los proyectos y de las esperanzas de los hombres de mi tiempo; les deseo, con toda mi alma,
el mejor éxito posible.....; pero no les envidio
ni á ellos ni á nuestros descendientes, ni á aquellos que han de vivir mucho tiempo. En otro
tiempo, he envidiado á los locos, á los tontos y
á los que tienen una gran opinion formada de sí
mismos, y de buena gana me hubiera cambiado
por cualquiera de ellos. Hoy ya no envidio, ni
á los locos ni á los sábios, ni á los grandes ni á
los pequeños, ni á los débiles ni á los poderosos;
envidio á los muertos, y sólo por los muertos me
cambiaria.» Tal es la última palabra de Tristan
sobre la vida y sobre la historia, sobre el siglo XIX y el progreso. Siempre este refran lúgubre y monótono: *Il commun danno é l'infinita va-
nità del tutto.*

IV

Hé aquí las tres formas de la ilusion humana agotadas; ya no queda nada que esperar ni en el presente, ni en el porvenir del mundo, ni en un más allá que nadie conoce. No debemos, pues, extrañarnos de estos tristes aforismos que no son más que la conclusion de la experiencia de las cosas en forma de resúmen, y que se encuentran en las obras de Leopardi en cada página y en cada estrofa: la vida es un mal: aunque sea sin dolor, es todavía un mal. No hay situacion tan desgraciada que no pueda empeorar; la fortuna será siempre la más fuerte, y concluirá por romper la firmeza misma de la desesperacion. ¡Cuándo terminará *l'infelicità*? Cuando todo termine. Los peores momentos son aun los del placer. Ninguna existencia vale, ni ha valido, ni valdrá lo que la nada, y la prueba de ello es, que nadie querrá volver á comenzarla. Escuchad el diálogo de un *vendedor de almanaques* y de un transeunte:

«¡Almanaques! ¡Almanaques nuevos! ¡Calendarios nuevos!—¿Almanaques para el año nuevo?—Sí señor.—¿Crees tú que será feliz este año nuevo?—¡Oh! sí señor, seguramente.--¿Como el año pasado?—Mucho, mucho más.—¿Cómo el otro?--Mucho más, señor.—¿Cómo es eso; no te gustaria que el nuevo fuese como cualquiera de los últimos años?—No señor, no me gustaria.—¿Cuántos años van pasando desde que vendes almanaques?—Hace veinte años, señor.—¿A cuál de estos veinte años quisieras tú que se pareciese el año que viene?—¿Yo? No sé decir á usted. —¿No te acuerdas de ningun año en particular que te haya parecido feliz?—No ciertamente, señor.—¿Y sin embargo, la vida es una cosa muy hermosa, no es verdad?—Ya se sabe.

—¿No quisieras volver á vivir estos veinte años y aun todo el tiempo que ha trascurrido desde tu nacimiento?—¡Ah! señor, ¡ojalá lo quisiera Dios así!—¿Pero si debieras empezar de nuevo tn vida con todos sus placeres y todos sus pesares?—No querria.—¿Y qué otra vida quisieras

vivir; la mia, la de un príncipe ó la de otro? ¿No
te figuras que yo, el príncipe ú otro cualquiera,
responderiamos como tú, y que nadie consenti-
ria en comenzar la misma vida?—Lo creo.—
¿Así, con esta condicion, tú no volverias á em-
pezarla?—No señor, no, no quisiera comenzarla
otra vez.—¿Qué vida querrias tú, pues?—Quisiera una vida, como Dios me la diera, sin otra
condicion.—¡Una vida al azar de la cual no se
supiera nada de antemano, cómo no se sabe nada
del año nuevo?—Precisamente.—Si, es lo mismo que yo quisiera si fuera preciso volver á vivir; es lo que querria todo el mundo. Esto significa que no ha habido hasta ahora nadie á quien
el azar no haya tratado mal. Todos convienen en
que la suma de mal ha sido para ellos mayor
que la del bien: nadie desearia renacer á condicion de volver á empezar la misma vida con
todos sus bienes y todos sus males. *Esta vida que
es una cosa hermosa, no es la vida que se conoce,
sino la que no se conoce, no la vida pasada, si no
la vida por venir.* El año que viene, la suerte co-
menzará á tratarnos bien á los dos y á todos los
demás con nosotros; este será el comienzo de la
vida feliz. ¿No es verdad?—Esperémoslo así.—
Enséñame el más hermoso de tus almanaques.
—Aquí lo tiene Vd., señor, vale treinta sueldos.
—Toma los treinta sueldos.—Gracias señor.

Hasta la vista. ¡Almanaques! ¡Almanaques nuevos! ¡Calendarios nuevos!»

¡Que amargura en esta escena de comedia tan hábilmente dirigida por el caballero, especie de Sócrates desengañado! Alguna vez la ironía es llevada hasta lo más negro. El loco da cuenta al Gnomo de que los hombres están muertos: «Los esperais en vano; todos están muertos,» como se dice en el desenlace de una tragedia en que mueren todos los personajes.—¿Y cómo han desaparecido esos pícaros?—Los unos haciéndose la guerra, los otros navegando; estos comiéndose entre sí, aquellos ahogándose con sus propias manos; otros pudriéndose en la ociosidad; otros gastando su cerebro sobre los libros ó en orgías ó en otros mil excesos; estudiando, en fin, de todas maneras el ir contra la naturaleza y hacerse daño.

No hay enemigo más cruel del hombre que el hombre. Es lo que Prometeo ha podido aprender á sus expensas en su apuesta con Momus, que meneaba la cabeza cada vez que el fabricarse del género humano se alababa ante el de su invencion. Se organiza la apuesta y los dos postores parten para el planeta. Llegados á América se encuentran frente á frente con un salvaje disponiéndose á comer á su hijo; en la India ven una jóven viuda quemada sobre la pira de su

marido, un borracho repugnante. «Estos son
bárbaros,» dice Prometeo, y parten para Lóndres. Allí, delante de la puerta de un hotel, ven
una multitud que se estruja: es un gran señor
inglés que acaba de levantarse la tapa de los
sexos despues de haber matado á sus dos hijos
y recomendado un perro á uno de sus amigos.
—¿No es este punto por punto el cuadro sombrío trazado por Schopenhaner? «La vida es una
caza interesante donde ya cazadores, ya cazados,
los séres se disputan los pedazos de una horrible ralea; una guerra de todos contra todos; una
especie de historia natural del dolor que se re·
une de este modo: querer sin motivo, luchar
siempre, despues morir y de este modo por los
siglos de los siglos hasta que la corteza de nuestro planeta se deshaga en pequeños pedazos.»
¿Nos equivocamos al decir que el pesimismo es
ménos una doctrina que una enfermedad del cerebro? En este punto el sistema no revela ya
crítica, viene derecho á la clínica : es preciso
dejarlo en ella.

En dos puntos solamente el pesimismo de Loe-
pardi difiere del de Schopenhauer, y yo no va-
cilo en decir que el poeta es el más filósofo de
los dos, porque permanece en una medida relativa de razon. Estos dos puntos son el principio
del mal y del remedio. Del principio metafísico,

Leopardi no sabe nada ni nada quiere saber. El
mal se siente y se aprecia: es una suma de sensaciones muy reales, puro objeto de experiencia,
no de razonamientos. Todos aquellos que preten-
dido deducir la necesidad del mal de un principio, sea *la voluntad* como Schopenhauer, sea *lo
inconsciente* como Harmann, han ido á parar á
teorías absolutamente arbitrarias, cuando no in-
enteligibles. Leopardi se contenta con estable-
cer, por medio de la observacion, la ley universal del sufrimiento sin pretender formar con él
una dialéctica trascendente: siente lo que es, sin
tratar de demostrar que debe ser así. Además,
como ignora el principio del mal, se guarda bien
de oponerle remedios imaginarios, como los pesimistas alemanes que aspiran á combatir el mal
de la existencia tratando de exclarecer sobre este
mal á la voluntad suprema que produce la existencia, persuadiéndola de que renuncie á sí misma y que oponga la nada al sér. El sólo remedio
que el alma estóica de Leopardi opone al eterno
y universal sufrimiento, es la resignacion, es el
silencio, es el desprecio. Triste remedio, sin duda; pero que está por lo ménos á nuestro alcance:

¿Nostra vita a che val? solo a spregiarla.

«¡Nuestra vida para que sirve? Sólo para des-
preciarla (1).»

Se ve que no, hemos exajerado nada al afir-
mar que Leopardi es el precursor del pesimismo
aleman. Anuncia esta crísis singular y profunda
que se preparaba secretamente en algunos espíritus, bajo ciertas influencias que será necesario
determinar. Si se tiene en cuenta que el nombre de Schopehauer permaneció casi desconocido
en Alemania hasta 1837 y que la fortuna de sus
ideas data de los últimos veinte años, no podemos ménos de quedar sorprendidos de encontrar
en el poeta italiano, en 1838, tanta afinidad de
temperamento y espíritu con la filosofía que debia seducir á la Alemania. Por instinto y sin
profundizar-nada, el poeta lo ha adivinado todo
en esta filosofía de la desesperacion; sin ningun
aparato científico, hay muy pocos argumentos
que escapen á su dolorosa penetracion. Es, á la
vez, el profeta y el poeta de esta filosofía, es el
vate en el sentido antiguo y misterioso de la palabra: lo es con una sinceridad y una profundidad de espíritu que no igualan los más célebres
representantes del pesimismo. Por último, lo
que es algo, vivió, sufrió y murió en conformidad perfecta con su triste doctrina, contrastando

----

(1) *A un vincitore nel pallore.*

evidentemente con la desesperacion completamente teórica de estos filósofos, que han sabido siempre arreglar muy bien su vida y administrar á la vez lo espiritual y lo temporal de la felicidad humana, sus rentas y su gloria.

La escuela pesimista en Alemania, su influencia, su porvenir.

I

Parece que el mundo de las ideas está sometido en todos los órdenes de problemas al juego alternativo de dos doctrinas extremas.

En todo el curso del siglo antérior, y en la primera mitad del nuestro, es evidente que el optimismo ha prevalecido en Alemania bajo formas y á través de escuelas distintas. Hóy no cabe duda de que es el pesimismo el que tiende á triunfar, á lo ménos por el momento (1). El

(1) Debemos señalar un libro de M. James Sully, que acaba de aparecer bajo el título: *Pessimism a history and á criticism,* London, 1877.—Es una historia y un estudio muy completo; no nos equivocamos al decir que esta cuestion es hoy la órden del dia de la filosofía. El sábio y distinguido autor de *Sensation and Intuition,* nos ofrece en este nuevo libro un contingente de observaciones y de noticias exactas, de las cuales habremos de aprovecharnos, aunque el punto de vista en cual vamos á colocarnos, sea completamente distinto del suyo.

pobre espíritu humano semejará siempre al pai-
sano ébrio de Lutero, que cae ya á la derecha,
ya á la izquierda, incapaz de mantenerse en equilibrio sobre su montura.

La Alemania del siglo xviii, esto es, la inmensa mayoría de las inteligencias que representan
su vida moral, permanecen fielmente adhèridas
á la doctrina que habia enseñado Leibniz, que
Wolf habia sostenido, y que, por otra parte, se
hallaba fácilmente de acuerdo, lo mismo con los
dogmas de la teología oficial, que con el·deismo
sentimental de Pope, de Rousseau y de Paley,
en gran boga por entonces en esta poblacion de
pastores y de filósofos de Universidad, durante
el grande interregno filosófico que va desde Leibniz á Kant. Apenas si en esta quietud de espíritu
y de doctrina penetran algunos ecos de los sarcas-
mos de Voltaire, repetidos por su real discípulo,
el gran Federico, y los espíritus libres que viven
dentro del rádio de la pequeña costa de Post-
dam. La triste alegría de *Cándido* se ahogó al
atravesar el Rhin; este pueblo religioso y litera-
to persiste en repetir que aquí abajo todo está
dispuesto por una Providencia benévola para la
felicidad eterna del hombre, y que este mismo
mundo es el mejor de los posibles.

Más tarde, cuando cambia la escena de las
ideas, cuando aparece Kant y todos estos ilus-

tres conquistadores del mundo filosófico, salidos de la *Crítica de la razon pura,* Fichte, Schelling, Hegel, el optimismo particular de Leibniz desapárece; pero el optimismo, aunque modificado, subsiste. Hay, sin embargo, desde entonces, una vaga tendencia á despreciar la vida y á no darla su verdadero valor. Se han entresacado cuidadosamente algunos pasajes teñidos de pesimismo en Kant; se nos recuerda que Fiethe ha dicho: «Que el mundo real es el peor de los mundos posibles.» Nos presentan estas proposiciones de Schelling: "«El dolor es una cosa necesaria en toda vida... Todo dolor tiene su orígen exclusivo en el solo hecho de existir. La inquietud de la voluntad y del deseo que fatiga á toda criatura con sus demandas incesantes, es, én sí misma, la desgracia (1).» Ya se siente aquí la vencidad de Schopenhauer. La filosofía negeliana no es hostil al pesimismo; lo concibe como una de las fases de la evolucion universal. Segun Hegel, ya se sabe, toda existencia finita está condenada á la ley dolorosa de destruirse ella misma por sus contradicciones. Esta ley del sufrimiento, que resulta de la division y de la limitacion de la

---

(1) *Filosofía de* lo *Inconsciente.* 2.° v. p. 354. Comparar estas proposiciones con las de Schopenhauer; *el mundo como voluntad y representacion.* 2.ª parte.

idea, contiene un principio de pesimismo que Volkelt ha hecho ver claramente (1).

Se comprende bien 'el interés que Schopenhauer y Hartmann han de tener en buscar precedentes, y por decirlo así, un parentesco honroso para su teoría. Mas si de cerca se considera, no se ve en esto mas que analogías superficiales y alianzas de ideas más que dudosas. Hay un pesimismo empírico que se concilia muy bien con el optimismo metafísico: este es el punto de vista en que es preciso colocarse para juzgar la cuestion en los principales representantes de la filosofía alemana desde Kant. Todos ellos están unánimes en la apreciacion severa de la vida, considerada en sus aspectos inferiores y en la realidad sensible, y no obstante, en el conjunto de estas doctrinas, lo que domina, es la solucion optimista del problema de la existencia. Kant nos enseña, sin duda, hasta qué punto la naturaleza es poco favorable á la felicidad humana; pero la verdadera explicacion de la vida, la última razon de las cosas, debe ser buscada fuera del órden sensible, en el órden moral, que constituye despues de todo, el solo interés del soberano legislador, y la sola explicacion de la na-

---

(1) *Lo Inconsciente y el Pesimismo.*

turaleza misma. Lo mismo acontece con Fichte, para quien los fenómenos sensibles, la apariencia de la materia, no es más que una escena transitoria preparada para un fin único, el cumplimiento del deber, la accion libre del yo que persigue en su reaccion contra el mundo exterior, y en su conflicto con la sensacion, el más alto carácter que le es posible alcanzar. En cuanto á Schelling, en su segunda fase, señalada por su célebre obra *Filosofía y Religion*, saca el símbolo de su metafísica de la doctrina cristiana de la caida. En ella se encuentra la historia trascendente de la ruptura de la unidad primitiva, la certidumbre del retorno final á la unidad, y asocia á esta obra á la misma naturaleza rescatada y espiritualizada con el hombre, despues de haber caido con él en el pecado y la materia. Así, despues de haber puesto bajo nuestros ojos las más tristes pinturas de la naturaleza sombría y de la vida desolada por el mal, Schelling nos conduce á una solucion final que es indudablemente una especie de optimismo teológico. Tambien es ésta, aunque bajo otra forma, la solucion de Hegel sobre el valor del mundo y de la vida. La idea, en un principio dividida, errando fuera de sí, tiende á volver á sí por la conciencia del mundo.

Este *devenir* del espíritu, este proceso del mundo, que sin cesar se continúa á través del drama variable de los hechos, hé aquí la verdadera theodicea, la justificacion de Dios en la historia.

Seguramente estaba allí el optimismo de la evolucion universal y del progreso necesario; en todas estas doctrinas hay un fin cierto asignado al movimiento del universo, una razon divina envuelve, como en un tejido maravilloso, todos los fenómenos, hasta los más insignificantes y más raros de la naturaleza y de la historia, y, atrayéndolos en séries determinadas, los impide desbarrar ó perderse en lo inútil; es un órden providencial á su modo, que se cumple en todo momento, y del cual el pensador, colocado en el verdadero punto de vista, es testigo inteligente. Estas ideas han dominado el espíritu aleman en la primera parte de este siglo; Leibnitz, Kant, Hegel, habian sido sucesivamente sus maestros, pero todos lo conducian y lo mantenian en vías paralelas, al cabo de las cuales, la razon percibia un fin digno de ella, digno de que se venciesen por alcanzarlo todos los obstáculos y peligros del camino, digno de que el hombre soporte sin quejarse el peso de los dias, las enormes cargas, las miserias y las aflicciones sin número.—Una gran parte de la Alemania filosófica parece arrastrada ahora en una direccion completamente contraria. Es esto más que una moda pasajera, un capricho de la imaginacion, una rebelion contra los abusos de la dialéctica trascendente, una reaccion violenta contra la tiranía especulativa de la *idea*, contra el despotismo de la evolucion universal, comparadas con la cual ıılas miserias individualesıı no son nada. Lo que hay de seguro es que las miserias individuales se se han rebelado un dia como cansadas de servir á fines que ellas no conocian; es que ıılos destinos humanosıı han concluido por volcar ııel carro que los trituraba bajo sus ruedas de bronce.ıı No pudiendo emanciparse del dolor, han protestado contra las razones dialécticas que querian imponérselo como una necesidad saludable, y nació el pesimismo. A la hora presente existe toda una literatura pesimista, floreciente en Alemania, y que tambien ha intentado, no sin éxito, algunas escursiones y conquistas á los países vecinos. Y no es solamente en los dos nombres de Schopenhauer y de Hartmann, el uno ya célebre, el otro investido de una notoriedad creciente, en los que se resume esta literatura, ó si se quiere, esta filosofía. Schopenhauer es el jefe del coro, y despues de él se encuentra en segundo lugar y sin ninguna afectacion de modestia el jóven sucesor ya designado, presto cuando le llegue la edad á hacer el primer papel y á empuñar el baston de mando, el cetro del coro. Pero este coro es numeroso y compuesto de voces que no, cantan siempre al unísono, que pretenden ser independientes hasta cierto punto, quedando unidas todas en el acorde fundamental.

Entre los discípulos de Schopenhauer, al lado ó por debajo de Hartmann es preciso citar particularmente á Frauenstädt, Taubert y Julio Bahnsen. Rindiendo culto á la memoria del maestro, del cual ha publicado la correspondencia y las conversaciones, Frauenstädt trata, sin embargo, de suavizar algunos rasgos demasiado duros de la teoría, llegando á negar que el término pesimismo convenga en todo rigor á un sistema que admita la posibilidad de destruir la voluntad y de sustraer de este modo el sér á los tormentos que ella le impone.—Esta tendencia á aceptar el hecho de la miseria del mundo como inseparable del sér, y, no obstante buscar en los límites del pesimismo fuentes de consuelo inesperado, se advierte más claramente en Taubert. En su libro titulado *El Pesimismo y sus adversarios*, reconoce, con Schopenhauer, que el progreso trae consigo una conciencia cada vez más profunda del sufrimiento que acompaña al sér y de la ilusion de la felicidad, pero manifiesta la esperanza de que se podrá triunfar en parte de esta miseria por los esfuerzos combinados del género humano, que, sometiendo más y más los deseos egoistas, darán al hombre el beneficio de una paz absoluta y reducirán así en gran parte la desgracia del *querer-vivir*. La melancolía misma del pesimismo, dice Taubert, se trasforma si se examina de cerca en uno de los más grandes consuelos que se nos pueden ofrecer, no sólo trasportar nuestra imaginacion más allá de los sufrimientos reales á los que cada uno de nosotros está destinado, y de este modo encontramos cierta ventaja relativa, que aumenta de cierto modo, los placeres que la vida nos concede y se duplica nuestro goce. ¿Cómo acontece esto? La razon que nos da no carece de originalidad: «El pesimismo nos enseña que toda alegría es ilusoria, pero no toca al placer mismo, lo deja subsistir á pesar de su vanidad demostrada, sólo que lo encierra en un marco negro que hace resaltar mejor el cuadro.» Por último, Taubert insiste sobre el gran valor de los placeres intelectuales, que el pesimismo, segun él, puede muy bien reconocer, y que deben enlazarse en una esfera superior «como las imágenes de los dioses, libres de todo cuidado y esparciendo sus luces sobre los abismos tenebrosos de la vida, rellenos ya de sus tormentos, ya de alegrías, que terminan en penas.» M. James Sully hace observar con finura que Taubert le hace el

efecto de un optimista caido por equivocacion ó
por un paso en falso en el pesimismo, y que hace
inútiles esfuerzos por salir de este atolladero.

Al paso que Taubert representa la derecha del
pesimismo, Julio Bahnsen representa la extre-
ma izquierda de la doctrina. De este modo se
presenta en su obra titulada la *Filosofía de la
Historia*, y así se produce con más exageracion
aun en su presente libro, provisto de este título
terrible: ¡*Lo trágico como ley del mundo*! En todo
lo que concierne al pesimismo y al principio irracional de donde se deriva traspasa el pensamiento de Schopenhauer: para él, como para su
maestro, el mundo es un tormento sin trégua
que lo absoluto se impone á sí mismo. Pero va
más léjos que su maestro al negar que exista
ninguna finalidad, ni aun inmanente en la naturaleza, y que el órden de los fenómenos ma-
nifieste ningun enlace lógico. No sólo sostiene
el principio de la escuela, á saber, que toda
existencia es necesariamente ilógica en tanto que
es manifestacion de la voluntad; para él la existencia es ilógica, «en su contenido lo mismo que
en su forma.» Además de la sinrazon de la existencia considerada en sí, hay una sinrazon fundamental en el órden de las cosas existentes. Se
comprende que Bahnsen, al negar toda coope-
racion de la razon en el mundo rechace la sola

forma de placer puro conservada por Schopenhauer, el placer de la contemplacion intelectual,
y de la creacion por el arte, el goce estético y
científico. ¿Cómo podria encontrarse tal goce en
un mundo en que no hay ya ni órden lógico, ni
armonía de ninguna especie, en un puro caos
de fenómenos y de formas? La observacion del
universo y la representacion de sus formas en
el arte, léjos de set una fuente de alegría tranquila, no pueden más que traer nuevos tormentos á un espíritu filosófico. La esperanza misma
de un aniquilamiento final, que es el remedio supremo propuesto por Schopenhauer al mundo
desdichado, es para Bahnzen una pura ilusion.
«Su disposicion pesimista es tal, dice Hartmann,
y le hace tan apasionado para lo que hay de
desesperado en su punto de vista, que se sient e
turbado en su tristeza absoluta cuando se le presenta una perspectiva cualquiera de consuelo.»
Esta vez podemos estar seguros de que tocamos
al último término á la última evolucion del pesimismo aleman. Esta vez la apuesta ha sido
llevada hasta el fin, y si no hay apuesta, diga-
mos que la locura del sistema está completa.
Bahusen puede decir con orgullo al pesimismo:
«No irás más allá.»
Y en efecto, el pesimismo ha retrocedido hasta
en el mismo Hartmann ante las consecuencias

del principio llevado al último extremo. La filosofía de lo *Inconsciente* presenta un aspecto muy razonable, de una moderacion ejemplar al lado de tales excentricidades. La Alemania que no carece de intrepidez especulativa ni de aficion á las aventuras de la idea no ha querido seguir á Julio Bahnzen; me parece que este fogoso dialéctico de lo *ilógico absoluto*, se sumerge cada vez más en la soledad y en el vacío. No es seguramente bajo esta forma con la que el pesimismo está destinado á conquistar el mundo; sino que con más habilidad y bajo formas más moderadas está en camino de apoderarse del espíritu germánico que atrae por medio de cierta mágica fascinacion y que turba profundamente. Le falta sin duda todavía un poderoso vehículo, la enseñanza de las Universidades, y de ello se queja M. Hartmann amargamente; pero esto vendrá con el tiempo; ¿por qué no? En tanto que esto llega, el pesimismo lleva á cabo su obra fuera de las Universidades: las ediciones de Schopenhauer y Hartmann se multiplican; este último confiesa que si la filosofía, á la cual ha consagrado su vida, encuentra con más dificultad discípulos en el sentido extricto de la palabra, obtiene en más alto grado que ninguna otra escuela á la hora presente, la atencion, el interés y hasta el entusiasmo de ese inmenso auditorio

vago y flotante que aunque no está concentrado
en una cátedra de la Universidad no es por eso
ménos poderoso para hacer las reputaciones de
los autores, el éxito de los libros y la fortuna de
los sistemas. Las contradicciones no faltan, antes abundan vivas y apasionadas; basta recor-
dar el nombre del fogoso Duhring, que hace poco
tiempo enseñaba todavía en la Universidad de
Berlin. Estas discusiones que han despertado la
vida filosófica un poco aletargada en Alemania y
como sofocada bajo el ruido de las armas, mues-
tran la vitalidad creciente de la filosofía que tratan de combatir en sus principios y de detener en
su progreso: curiosidad muy viva con respecto
al pesimismo, crítica encarnizada que demuestra
su éxito; es un hecho que se debe hacer constar
y un síntoma que se debe estudiar.

Seguramente que á primera vista nada parece más antipático al espíritu francés que esta
filosofía oscura en su principio, demasiado clara
en sus consecuencias que quita á la vida todo su
precio y á la accion humana todo su valor. La
pasion de la luz, la aficion á la lógica, el ardor
del trabajo, la costumbre de la actividad útil,
hé aquí lo que nos defiende suficientemente á lo
que parece por el lado del Rhin contra estas influencias sutiles y disolventes. Y no obstante,
en Francia se han sentido los efectos de este

mal que tiende á hacerse cosmopolita, por algunos espíritus á quienes el culto del ideal y la creencia en el deber, parecia preservarla de semejante contagio. Nada nuevo diremos á nuestros lectores, recordándoles que más de una página de los *Diálogos filosóficos* recientemente publicados, tiene un color pronunciado de pesimismo. No se trata aquí, sin duda, de una de esas teorías violentas, sin mezclas, que pretenden resolver el enigma. total de un solo golpe y se contentan con volver contra sí mismo el dogmatismo de los pesimistas, oponiendo un fin negativo ó la ausencia de fin á los fines razonables y divinos, y el desprecio absoluto de la vida á la estima que de ella deben tener razonablemente los hombres. Hay muchas atenuaciones, restricciones de toda suerte, hasta apariencias de contradiccion á la idea pesimista que parece haber sido la gran tentacion del autor mientras meditaba ó escribia estos conflictos de inspiraciones y de pensamientos encontrados, expresados con una sinceridad á veces dramática, no son uno de los menores atractivos de esta obra perturbadora y turbada. Mas no es posible negar que á las influencias hasta entonces dominantes de Kant y de Schelling, haya venido á mezclarse en la inspiracion de este libro, la influencia de Schopenhauer. La lucha de estos dos espíri-

tus es visible de una página á otra, y á menudo
en la misma página.

Kant es el que inspira algunos bellos pensamientos sobre la vida humana y el mismo mundo inexplicables sin la finalidad moral, y tambien la notable confesion de que lo que hay de
mejor en el mundo es la bondad, y que «la mejor base de la bondad es la admision de un or-
den providencial, donde todo tiene su lugar y su
rango, su utilidad y hasta su necesidad (1).»
Schelling es el que reina en ciertos momentos y
el que vuelve á ocupar su imperio á través de
las inquietudes y desalientos cuando se nos dice:
«El Universo tiene un objeto ideal y sirve á un
fin divino; no es una vana agitacion, cuyo resultado final sea cero. El fin del mundo consiste en
que reine la razon (2);» ó bien: «La filosofía de
las causas finales no es errónea más que en la
forma. Es necesario tan sólo colocar en la categoría del *fieri*, de la evolucion lenta, lo que ella
colocaba en la categoría del sér y de la creacion.»
Pero estas serenas claridades no duran y se ex-
tinguen gradualmente en las sombras del pesimismo. Aun en aquella parte del libro, consa-

(1) *Diálogos filosóficos*, por M. Ernesto Renan. In-
troducion, p. XVI.
(2) Ibid, p. XIV.

6

grado á las *Certidumbres,* lo que domina es la idea lúgubre de una astucia inmensa que se apodera de la naturaleza humana, la envuelve en sus estrechas redes y la conduce por la persuasion ó por la fuerza á fines desconocidos á través del obstáculo y del sufrimiento. «Existe en alguna parte un gran egoista que nos engaña,» ya sea la naturaleza ó Dios: esta es la idea fija que se ve sin cesar, que da vueltas en torno del espíritu del autor y llena su libro de la más sombría poesía. El maquiavelismo instintivo de la naturaleza, las picardías que lleva á cabo para conseguir sus fines por medio de nosotros, á pesar de nosotros y contra nosotros, hé aquí el gran drama que en el mundo se representa y del que nosotros somos los actores y las víctimas. en todas partes se encuentra la naturaleza que engaña á los indivíduos por un interés que no les concierne en todo lo que corresponde á los instintos, á la generacion y al amor mismo. «Todo deseo es una ilusion; pero las cosas están de tal modo dispuestas que no se ve el vacío del deseo hasta que se nos cumple... No existe ningun objeto deseado, del cual no hayamos reconocido, despues de alcanzado, la suprema vanidad. Esto no ha dejado de verificarse una sola vez desde el comienzo del mundo. Y sin embargo, aquellos que lo saben de antemano perfectamente, desean lo mismo; y aunque el *Eclesiastes* predique eternamente su filosofía de célibe hastiado, todo el mundo convendrá en que tiene ra-·zon, y no obstante deseará.»—»Somos explotados,» hé aquí la última palabra del libro. »Hay algo que se organiza á expensas nuestras; somos el juguete de.un egoismo superior... El anzuelo está bien claro, y sin embargo se ha mordido en él y se morderá siempre. Lo mismo en el placer, del cual es preciso pagar enseguida el equivalente exacto en dolor, que en la vision de quiméricos paraísos »sobre las que la cabeza reposa, no encontramos una sombra de verdad; lo mismo acontece con esta decepcion suprema de la virtud que nos impulsa á sacrificar á un fin que está fuera de nosotros, nuestros intereses más caros.»

¡La virtud, una decepcion! ¡Quién hubiera esperado esto de un filósofo, que en el naufragio universal de las ideas metafísicas, por encima de las olas y del abismo habia sostenido hasta aquí, con mano tan firme, cual si fuere un arca santa la idea del deber! ¡El imperativo categórico, seguiria, pues, la suerte de los principios de la razon pura, y el privilegio de mandar á la razon, que á los ojos de Kant y de sus discípulos debia salvarla de todo ataque de la crítica, y constituye en favor suyo una certidumbre aparte, este privilegio seria tambien una ilusion que es necesario destruir! Una crítica más penetrante y más sútil, descubre aquí, como en otras partes, el lazo secreto que la naturaleza tiende á nuestro candor: "Ella tiene evidentemente interés en que el indivíduo sea virtuoso... Bajo el punto de vista del interés personal es un engaño, puesto que el indivíduo no sacará ningun provecho temporal de su virtud; pero la naturaleza tiene necesidad de la virtud de los indivíduos... Nosotros somos engañados sábiamente en vista de un objeto trascendente que el universo se.propone y que es infinitamente superior á nosotros." Así, pues, el deber mismo no es más que el último fraude del tirano que nos hace servir á sus fines, los cuales nos son completamente extraños y desconocidos; mas por una consecuencia extravagante, y de todo punto inesperada, hé aquí que el escepticismo especulativo, extendiéndose por la esfera moral, crea un tipo nuevo de virtud, una virtud más bella todavía que la que bastaba á Kant, más desinteresada si es posible, á pesar de que el gran moralista no quiere reconocer la virtud allí donde algun elemento extraño se une al deber. Aquí se trata de una virtud el sacrificio absolutamente heróica, porque significa de uno mismo á un fin desconocido que no es como en Kant, la moralidad del hombre, sino

algo de lo cual no tenemos ninguna idea; una
virtud caballeresca, puesto que se dedica sólo por
un puro sentimiento de honor, «á una cosa
absurda en sí.» Parece mucho más bello ser virtuoso despues de comprender que somos engañados. Por este rasgo característico, es por lo que
el autor de los *Diálogos* se distingue de Kant;
reconoce claramente, que lo que era todo á los
ojos de Kant, la moralidad no es nada para el
hombre, no es más que un medio de que se sirve
la naturaleza con un fin que ignoramos y que no
nos concierne. Por esto es por lo que él piensa
distinguirse de Schopenhauer, que tambien ha
comprendido el maquiavelismo de la naturaleza,
pero que á causa de esto mismo, se niega á someterse á ella. «A diferencia de Schopenhauer,
dice Philaletho, yo me resigno. La moral se reduce, por tanto, á la sumision. La inmoralidad
es la rebelion contra un estado de cosas del cual
se percibe el fraude. Es preciso á un mismo
tiempo percibirlo y someterse.»

Someterse, ¿y por qué? Yo no me explico
cómo se puede continuar obedeciendo órdenes
que se sabe que son lazos, cuando basta un acto
de voluntad para sustraerse á ellas. Tan heróica
sumision, no sobrepuja mis fuerzas, si no tambien mi inteligencia. En mi sentir, Schopenhauer tiene mil veces razon contra esta caballería

filosófica que se admira con justicia, cuando es la del ideal, que se cesa de admirar cuando se ofrece como víctima, á yo no sé qué órden «de un tirano malévolo.» El pensamiento que nos ha emancipado de la ilusion, nos ha emancipado al mismo tiempo de la obligacion. Sí, Schopenhauer tiene razon en predicarnos la rebelion si nos sentimos engañados. No hay ninguna ley intelectual ó moral que pueda imponérnos el sacrificio por un objeto que no mantiene ninguna relacion ni aun ideal con nosotros. No existe deber sino en tanto que se crée en el deber; ya no se cree en él, si se vé claramente que el deber es un fraude, la obligacion debe por lo mismo cesar. Si es verdad, como se nos dice que el hombre por el progreso de la reflexion conoce cada vez mejor todas esas estafas que se llaman religion, amor, bien, verdad, el dia en que la crítica ha matado los engaños de la naturaleza, ese dia ha sido verdaderamente benéfica y libertadora: la religion, el amor, el bien, lo verdadero, todas esas cadenas invisibles con que estamos ligados, desaparecen; no vamos nosotros á tomarlas de nuevo voluntariamente para dar gusto «al gran egoista que nos engaña.» Estábamos engañados, ya no lo estaremos más, hélo aquí todo: ¡El hombre es libre, y si él quiere emplear, como Schopenhauer, su libertad re-

conquistada en destruir este malvado encanta-
dor que nos tenia encadenados, bien dicho sea
por tal empresa!

Y si quiere pronunciar las palabras mágicas
que Schopenhauer le enseña y que deben producir el fin de esta triste fantasmagoría, cons-
treñir la voluntad que ha desplegado su poder
bajo la forma del universo á replegarse en- sí
misma, á volverse del sér á la nada, gloria al
hombre que por la crítica primero haya destruido las ilusiones, y que por su valor despues
haya secado la fuente de estas ilusiones!

¡Gloria á él por no haber jugado voluntariamente el papel del eterno engañado del universo! Todo esto es perfectamente lógico, si levan-
tamos la última aurora que nos retenia todavía
sujetos á un punto fijo «sobre este mar infinito
de ilusiones,» y esta última aurora es la idea del
deber ligado á lo absoluto.

Confiemos en que esta no será más que una
crísis momentánea en la historia del espíritu
francés, tambien en la historia del espíritu bri-
llante que parece haber sido tocado por ella. Lo
que nos podria hacer creer que nuestra esperanza no es vana, es que el autor señala una fecha
determinada á sus sueños, y esta fecha, asociada
á los recuerdos más tristes, es una revelacion
sobre el estado moral, bajo el cual fueron escri-

tos estos diálogos. En los primeros dias del mes
de Mayo de 1871 era cuando Eutyfron, Endoxo
y Philaletho se paseaban conversando y abatidos
por las desgracias de su pátria en uno de los
parajes más retirados del parque de Versalles.
Era despues de la guerra extranjera y durante
la guerra civil. Esto explica muchas cosas. París
estaba entregado á locuras que casi justificaban
las más sombrías aprensiones del pesimismo.
Versalles estaba en calma, pero guardaba el
amargo y reciente recuerdo de la estancia prolongada que allí habian hecho nuestros vencedo-
res, los pesimistas con casco de M. Bismarck.
El contagio flotaba todavía en el aire; Philaletho
lo sintió y fué turbado. Pero ya cuando publicó
este libro, parecia convalecer de esta disposicion
enfermiza en medio de la cual fué escrito. En
una nota nos promete que publicará muy pronto un Ensayo compuesto en otra época y bajo
otras influencias y mucho más consoladora que
esta. En cuanto á los lectores que se conmovieran
demasiado con estas perspectivas desoladas, el
autor les cuenta en su prefacio una singular
anécdota que nos ofrece como un antídoto infa-
lible: si alguno se entristeciera demasiado con la
lectura de este libro, seria preciso decirle lo que
aquel buen cura que habia hecho llorar demasiado á sus feligreses, predicándoles la Pasion:

«Hijos mios, no lloreis tanto, que esto hace mucho tiempo que pasó y quizá no sea verdad.»
Sospecho que si este sermon ha sido alguna vez pronunciado, debió ser en Meudon en el tiempo en que Rabelais oficiaba, á ménos que no fuera en Ferney, en aquel famoso dia en que «el buen cura» Voltaire quiso predicar en plena iglesia.

Sea de esto lo que quiera, basta que la figura de Voltaire aparezca en el prefacio de los *Diálogos*, para que la sombría vision del libro se haga inofensiva y no inquiete ya al lector más que como una fantasía de artista. La sonrisa del autor ha matado al mónstruo; el pesimismo no es ya más que una «pesadilla.» Así pasan de ordinario las cosas en Francia, donde la filosofía y la literatura de pesadilla no han tenido jamás éxito. Los *Cuentos fantásticos* de Hoffmann no han podido aclimatarse bajo nuestro cielo y en nuestra lengua. Schopenhauer y Hartmann no serán aquí nunca más que objetos de curiosidad.

Volvamos al pesimismo aleman y considerémosle en su verdadera pátria adoptiva allí donde ha florecido nuevamente en nuestros dias, como si en àquel suelo encontrase un clima propicio y cultivo conveniente.

Hemos visto que Leopardi resume con una sagacidad maravillosa casi todos los argumentos de la experiencia, de los que su teoría de la *infelicità* es un programa anticipado. Este poeta enfermo llevaba en sí esa enfermedad extraña que debia apoderarse del siglo XIX á su conclusion. El pesimismo se encuentra en el estado de experiencia dolorosa en Leopardi. En el de sistema razonado en Schopenhauer y Hartmann. ¡Cuáles son las razones de análisis ó de teoría que uno y otro aportan para la demostracion del dolor universal ó irremediable? Las reduciremos

en cuanto sea posible á las tésis que merecen ser
examinadas con alguna atencion, abandonando
de propósito la metafísica, de la cual se quiere
que dependan, porque no es más que un conjunto de construcciones completamente arbitrarias
y personales del espíritu, una mitología. Yo me
atrevo á añadir que no existe realmente ningun
enlace lógico y necesario entre estas teorías especulativa y la doctrina moral que á ella se encuentra unida. Se podrá sacar toda la moral del
pesimismo de estas dos obras, el *Mundo como
voluntad y representacion* ó la *Filosofía de lo inconsciente*, sin disminuir un ápice el valor de su
construccion. Son concepciones *a priori*, más ó
ménos bien ordenadas, sobre el principio del
mundo, sobre el *uno-todo.* y sobre el órden de
evoluciones, segun el cual se manifiesta; pero es
bastante difícil ver, porque la consecuencia de
estas evoluciones es necesariamente el mal absoluto de la existencia, porque el *querer-vivir* es á
la vez el atractivo irresistible del primer principio y la más insigne sinrazon. Esto no ha sido
jamás explicado: es el eterno postulado del pesimismo.

Veamos los argumentos por los cuales Schopenhauer y Hartmann pretenden demostrar este
principio que les es comun con Çakya-Monni: «el mal es la existencia.» Separando con

cuidado lo que toca al mundo mismo, la cuestion puraménte teológica ó trascendente de saber si el universo es en sí bueno ó malo y si hubiera sido mejor que no existiese, nos limitaremos á la vida humana. Entiendo que los argumentos del pesimismo desembarazados del aparato formidable que los encubre y de la masa de elementos accesorios que arrastran consigo, pueden. reducirse á tres: una teoría psicológica de la voluntad, la concepcion de un poder engañador que envuelve á todo sér viviente y especialmente al hombre: por último un balance de la vida que se liquida con un déficit enorme de placer y una verdadera bancarrota de la naturaleza. Los dos primeros argumentos pertenecen propiamente á Schopenhauer, el tercero ha sido desenvuelto con gran extension por M. de Hartmann: pero como esta última tésis recuerda sobre muchos puntos la teoría de la *infelicitá* que hace poco hemos expuesto segun Leopardi, no insistiremos sobre ella.

Todo es voluntad en la naturaleza y en el hombre; pues todo sufre: hé aquí el axioma fundamental. La voluntad principio es un deseo ciego é inconsciente de vivir, que desde el fondo de la eternidad se despierta por yo no sé qué capricho, se agita, determina lo posible á ser, y el ser á todos los grados de la existencia hasta el hombre. Despues de desenvolverse en la naturaleza morgánica, en el reino vegetal y en el reino animal la voluntad llega en el hombre á la conciencia. En este momento se consuma la incurable. desgracia comenzada ya en el animal con la sensibilidad. El sufrimiento existia ya, pero sentido más bien que conocido: en este grado superior el sufrimiento se siente y se conoce; el hombre comprende que la ciencia de la voluntad es el esfuerzo, y que todo esfuerzo es dolor. Este es el descubrimiento que arrebatará al hombre su reposo; y desde entonces el sér, habiendo perdido su ignorancia, está entregado á un suplicio que no tendrá más término que la muerte llegada á su hora ó provocada por la inercia y el tédio. Vivir es querer, y querer es sufrir. Toda vida es, pues, por esencia dolor (1). El esfuerzo nace de una necesidad; en tanto que esta necesidad no está satisfecha, resulta dolor, el esfuerzo mismo llega á ser fatiga, y cuando la necesidad está satisfecha, esta satisfaccion es ilusoria puesto que es pasajera; resulta de ella una nueva necesidad y un nuevo dolor. «La vida del hombre no es más que una lucha por la existencia, con la certidumbre de ser vencido.» De

_____

(1) Véase el excelente resúmen de la *Filosofía de Schopenhauer* publicado por M. Ribot, p. 119, 139, etc.

esta teoría de la voluntad salen dos consecuencias: la primera es que todo placer es negativo, el dolor solo es positivo. La segunda es que cuanto más se acrece la inteligencia, más sensible es el sér al dolor; lo que el hombre llama por la más enorme de las locuras, progreso no es más que la conciencia más íntima y más penetrante de su miseria.

¿Qué debemos pensar de esta teoría? Todo reposa sobre la identidad ó equivalencia de estos diversos términos que forman juntos como una ecuacion contínua: voluntad, esfuerzo, necesidad, valor ¿Existe la observacion que establece en su dependencia recíproca los diferentes terminos de esta ecuacion? No, seguramente; es un razonamiento completamente abstracto y sistemático, al cual no es favorable la experiencia. Que en estas fórmulas elípticas, muy disentibles en sí mismas porque devoran las dificultades con los problemas; la vida sea toda voluntad, podemos consentir en ello, ampliando desmesuradamente el sentido ordinario de esta palabra para que pueda contener el sistema; pero que toda voluntad sea dolor, hé aquí lo que con las mejores disposiciones del mundo no podemos admitir ni comprender. La vida es el esfuerzo, sea; pero, ¿por qué el esfuerzo ha de ser necesariamente el dolor? Hénos aquí ya detenidos en el

principio de la tierra. ¿Es verdad, por otra parte,
que todo esfuerzo nazca de una necesidad? Por
último, si somos esencialmente una actividad,
el esfuerzo; que es la fuerza en accion, está en
conformidad perfecta con nuestra naturaleza;
¡por qué, pues, se ha de resolver en pena?

Lejos de nacer de una necesidad, es el esfuerzo
la primera necesidad de nuestro sér, y se satis-
face al desenvolverse, ló cual es indudablemente un placer. No cabe duda que tropezará con
obstáculos, tendrá que luchar con ellos, á menudo se estrellará. Ni la naturaleza ni la sociedad
están en armonía preestablecida con nuestras
tendencias, y en la historia de los choques de
nuestra actividad con el doble medio que la envuelve, los fenómenos físicos y los fenómenos
sociales, es preciso confesar que lo que predo-
mina es el conflicto. De ahí resultan muchas
penas, muchos dolores; pero estas son consecuencias ulteriores, no hechos primitivos. El esfuerzo en sí mismo, en un organismo sano, es
una alegría; constituye el placer primitivo más
puro y más sencillo, el de sentir la vida; es el
que nos da este sentimiento, y sin él no podría-
mos distinguirnos de lo exterior que nos rodea
ni á percibir nuestro propio sér en la confusa y
vaga armonía de los objetos coexistentes. Que
exista fatiga por el abuso de la actividad que

nos constituye, que haya dolor por el efecto natural de esta actividad contrariada, esto es evidente. ¿Pero qué derecho hay para decirme que por esencia la actividad es un tormento? Y sin embargo, á esto se reduce la psicología del pesimismo.

Un impulso irresistible arrastra el hombre á la accion, y por la accion á un placer entrevisto, ya á una felicidad esperada ó ya á un deber que el mismo se impone. Este instinto irresistible es el instinto mismo de la vida; la explica y la resume. Al mismo tiempo que desenvuelve en nosotros el sentimiento del sér, mide el verdadero valor de la existencia. La escuela pesimista desconoce estas verdades elementales; repite en todos los tonos que la voluntad, desde que llega á conocerse, se maldice á sí misma, reconociéndose idéntica al dolor y que el trabajo, al que el hombre está condenado, es una de lás más duras fatalidades que pesan sobré su existencia.—Sin exagerar las cosas por otra parte, sin desconocer el rigor de las leyes, bajo las cuales se desenvuelve la condicion humana y la estrechez de los medios en los que se encuentra como encérrada, ¿no se podria oponer á esta psicología, demasiado fantástica, un cuadro que seria el reverso de este, donde se percibiesen los puros goces de un gran esfuerzo por mucho tiempo

sostenido á través de los obstáculos y al fin vic-
torioso de una energía dueña de sí misma desde
un principio y llegando despues á ser dueña de
la vida, ora domando la mala voluntad de los
hombres, ora triunfando de las dificultades de la
ciencia ó de las resistencias del arte, del trabajo,
en fin, el verdadero amigo, el verdadero conso-
lador, el que resarce al hombre de todos sus
desmayos, el que le purifica y le ennoblece en su
vida interior, el que le salva de las tentaciones
vulgares, el que le ayuda con más eficacia á llevar un fardo en medio de las largas horas y de
los dias tristes, aquel á quien ceden por algunos
momentos los más inconsolables dolores? En
realidad el trabajo, cuando ha vencido las pri-
meras contrariedades y los primeros disgustos, es
por sí mismo, y sin estimar los resultados, un
placer, y uno de los más vivos.

Se desconocen los goces y las dulzuras, se ca-
lumnia de un modo extraño á este señor de la
vida, que no es duro mas que en la apariencia, al tratarlo como lo tratan los pesimistas,
cual si fuese un enemigo. Contemplar bajo su
mano ó en su pensamiento crecer su obra, iden-
tificarse con ella, como decia Aristóteles (1), ya
sea ésta la cosecha del labrador, ó la casa del ar-

(1) Ἐνεργεία ὁ ποιήσας τὸ ἔργον εστι πως

quitecto, ó la estátua del escultor, ó un poema,
ó un libro, ¿qué importa? Crear fuera de sí una
obra que se dirige, en la cual se ha puesto su esfuerzo con su sello, y que le representa á uno de
un modo sensible, esta alegría, ¿no recompensa
todas las penas que ha costado, los sudores ver-
tidos sobre el surco, las angustias del artista an-
sioso de la perfeccion, los desmayos del poeta,.
las meditaciones, alguna vez tan penosas del
pensador? El trabajo ha sido. el más fuerte, la
obra ha vivido, vive, nos ha resarcido de un solo
golpe, y lo mismo que el esfuerzo contra el obstáculo exterior ha sido la primera alegría de la
vida que se despierta, que se siente á sí misma,
chocando contra sus límites, así el trabajo que
es el esfuerzo concentrado y dirigido, llegado á
la plena posesion de sí mismo, es el más interno
de nuestro placeres, porque desenvuelve en nosotros el sentimiento de nuestra personalidad, en
lucha con el obstáculo, y consagra nuestro triunfo, al ménos parcial y momentáneo sobre la naturaleza. Hé aquí el esfuerzo, hé aquí el trabajo
en su realidad.

Nos hallamos en el corazon mismo del pesimismo al discutir esta cuestion. Si se prueba
que la voluntad no es necesariamente y por
esencia idéntica al dolor; si llegamos á saber por
la vida y por la ciencia que el esfuerzo es la

fuente de las más grandes alegrías, el pesimismo no tiene ya razon de ser. Prosigamos, sin embargo, el exámen de las tésis secundarias que vienen á agruparse en torno de este argumento fundamental.

Todo placer es negativo, nos dice Schopenhauer: el dolor sólo es positivo. El placer no es más que la suspension del dolor, puesto que al definirlo no dice que es la satisfaccion de una necesidad, y toda necesidad se traduce por un sufrimiento. Pero esta satisfaccion, aunque negativa, no dura tampoco, y la necesidad vuelve á comenzar con el dolor. Este es el círculo eterno de las cosas: una necesidad, un esfuerzo que suspende momentáneamente la necesidad, pero que crea otro sufrimiento, la fatiga, despues el renacimiento de la necesidad y despues el sufrimiento,—y el hombre se aniquila y la existencia se desliza en querer siempre vivir sin motivo razonable, contra la voluntad de la naturaleza que le hace la guerra contra el deseo de la sociedad que no le ayuda nada: siempre sufrir, siempre luchar, despues morir, esta es la vida; apenas ha comenzado cuando concluye, ni dura más que para el dolor. Esta tésis del carácter puramente negativo del placer, es un grado de paradoja en que el mismo M. de Hartmann ni ha seguido á Schopenhauer.

Es un buen ejemplo el ver á los jefes del pesimismo divididos entre sí; esto asegura la conciencia del crítico. M. de Hartmann hace con justicia notar que su maestro cae en la misma exajeracion que Leibniz habia caido. (1) El carácter exclusivamente negativo que Leibnitz atribuia al dolor, Schopenhauer lo atribuye al placer. Todos ellos se engañan igualmente, aunque en un sentido inverso. No se discute que el placer no puede resultar del cese ó de la disminucion del dolor; pero se pretende que el placer es otra cosa, que es eso desde luego y algo más. Se puede tambien añadir que hay varios órdenes de placer que no tienen de ningun modo su orígen en la suspension de un dolor y que suceden inmediatamente al estado de perfecta indiferencia. "Los placeres del gusto, el placer sexual en el sentido puramente físico ó independientemente de su significacion metafísica, los goces del arte y de la ciencia son sentimientos de placer que no tienen necesidad de ser precedidos de un dolor, ni de descender por bajo del estado de indiferencia ó de perfecta insensibilidad para elevarse en seguida positivamente por encima de él." Y despues de una sábia direccion Hart-

_____

(1) Véase esta misma discusion en el capítulo 13 de la tercera parte. *Filosofía de lo Inconsciente.*

mann concluye de este modo: «Schopenhauer se
equivoca sobre la característica fundamental del
placer y del dolor: estos dos fenómenos no se
distinguen sino como lo positivo y lo negativo
en las matemáticas: se puede indeferentemente
elegir para el uno ó para el otro de los términos
comparados el nombre de positivo ó el de negativo.» Quizá seria aún más exacto decir que uno
y otro son estados positivos de la naturaleza sensible, que ambos son en sí algo real y absoluto,
que son actos ἐνέργειαι (como decia Aristóteles),
que son por el mismo título realidades, expre-
siones igualmente legítimas de la actividad que
nos constituye. Pero semejante exámen nos lle-
varia demasiado léjos, fuera los límites de la
psicología puramente empírica, en la que de-
seamos encerrar este estudio.

¡Hay más verdad en esta otra proposicion que
es para Schopenhauer la contraprueba de su
axioma fundamental, á saber: ¿que cuanto el sér
más se eleva, más sufre, lo cual es una consecuencia lógica del principio de que toda vida es
por esencia dolor? Allí donde hay más vida acu-
mulada, en un sistema nervios operfeccionado,
más vida sentida por una conciencia, el dolor
debe crecer en proporcion. La lógica del sistema lo exige, y Schopenhauer pretende que los
hechos están exactamente de acuerdo con la ló-

gica. En la planta, la voluntad no llega á sentirse á sí misma, lo cual hace que la planta no sufra. La historia natural del dolor comienza con la vida que se siente; los infusorios y los vertebrados sufren ya; los insectos sufren más todavía, y la sensibilidad dolorosa no hace más que crecer hasta el hombre: en el hombre mismo esta sensibilidad es muy variable, alcanza su grado más alto en las razas más civilizadas y en estas razas, en el hombre de génio. Aquel que concentra en su sistema nervioso más sensacion, y el pensamiento adquiere, por decirlo así, más órganos para el dolor. Por donde se percibe qué gran quimera es el progreso, puesto que, bajo un nombre misterioso, no representa más que la acumulacion en el cerebro engrandecido de la humanidad mayor suma de vida, de pensamiento y de dolor.

Debemos reconocer que ciertos hechos de observacion psicológica y fisiológica parecen dar la razon á tésis del pesimismo. No es dudoso que el hombre sufre más que el animal, el animal de sistema nervioso más que el que no lo tiene. No ofrece duda que al unirse el pensamiento á la sensacion añade algo al sufrimiento. No solamente el hombre percibe, como el animal, la sensacion dolorosa, sino que la eterniza por el recuerdo, la anticipa por la prevision, la multiplica en una proporcion incalculable por la imaginacion; no sufre tan sólo como el animal por el presente, sino que se atormenta con el pasado y con el porvenir: añadid á eso el inmenso contingente de penas morales que son la herencia del hombre y de las que el animal apenas recibe una sensacion pasajera, borrada muy pronto por la turba de nuevas sensaciones. Hé aquí un estudio de fisiología comparada *del Dolor*, cuyo autor es bien conocido de nuestros lectores y que termina sériamente en el mismo sentido. «Es probable que existan, segun los indivíduos, las razas y las especies, diferencias considerables en la sensibilidad. Y así se pueden explicar en general las diferencias que estos indivíduos, estas razas y estas especies presentan en su manera de contrarestar el dolor.» Conviene hacer reservas sobre lo que vulgarmente se llama el valor del sufrimiento. La diferencia en la manera de contrarestar el dolor físico, no tanto parece aguardar relacion con un grado diferente de voluntad como con grado distinto de sensibilidad, siendo el dolor muy vivo en un caso y ménos intenso en el otro. Un médico de marina habia visto algunos negros andar sobre llagas, sin que aparentasen padecer, y sufrir, sin gritar, crueles operaciones. No es, segun esto, por falta de valor por lo que un europeo gritaria durante una operacion qué un negro soportaria sin pestañear, sino porque habria de sufrir diez veces más. Todo esto tiende á dejar consignado que hay entre la inteligencia y el dolor una relacion tan estrecha, que los animales más inteligentes son aquellos que son capaces de sufrir más. En las diferentes razas se observa exactamente la misma proporcion. La ley parece, pues, ser esta: «El dolor es una funcion intelectual tanto más perfecta, cuanto más se desarrolla la inteligencia (1).»

Parece que la tésis de Schopenhauer encuentra aquí una especie de confirmacion. Hartmann volverá á tomar varias veces este argumento y lo desenvolverá bajo todos sus aspectos. La conclusion es siempre la misma: es que el hombre adocenado es más feliz que el hombre de génio, el animal más feliz que el hombre, y en la vida el instante más feliz, el solo feliz, es el sueño, el sueño profundo y sin ensueño, cuando no se siente á sí mismo. Hé aquí el ideal vuelto del revés: «Que se medite en el bienestar en el que vive un buey ó un puerco. Que se piense en la proverbial felicidad del pez en el agua. Más envidiable todavía que la vida del pez deba ser la de la ostra, y la de la planta es aún muy

---

(1) *El Dolor, estudio de psicologia fisiológica,* por M. Richet. *Revista fisiológica.* Noviembre, 1877.

superior á la vida de la ostra. Descendemos, en fin, por bajo de la conciencia y el sufrimiento individual desaparece con ella.» Hemos citado esta conclusion muy lógica de Hartmann porque contiene lo que puede llamarse refutacion por absurdo de la tésis pesimista. Conducida á sus últimas consecuencias, nos repugna, y repugnándonos, nos sugiere una respuesta muy sencilla. ¿Quién no ve que la ley de la vida así formulada no esté completa? Falta aquí una parte contraria, esencial. La capacidad de sufrir crece, bien lo comprendo, con la inteligencia. ¡Pero es posible dudar que la capacidad para un nuevo órden de goces, absolutamente cerrado para las naturalezas inferiores, no se revela al mismo tiempo y que así los dos términos opuestos no crecen exactamente en las mismas proporciones? Si la fisiología del placer estuviese tan avanzada como la del dolor, estoy seguro que la misma ciencia positiva nos daria la razon, como lo ha hecho ya la observacion moral. La inteligencia dilata la vida en todos·sentidos, esta es la verdad. El hombre de génio sufre más que el hombre adocenado, convenido; pero existen alegrías al nivel de su pensamiento. Yo supongo que Newton, cuando descubrió la fórmula exacta de la ley de atraccion, condensó en un sólo momento más placer que todos los burgue-

ses de Lóndres reunidos pudieran disfrutar durante un año en sus tabernas delante de un
pastel de venado y de su jarro de cerveza.—
Pascal sufrió durante los treinta y nueve años
que duró su pobre vida. ¿Se puede pensar que la
vision clara y distinta de los dos infinitos que
nadie hasta entonces habia alcanzado con mirada
tan firme en su analogía misteriosa y en su contraste, se puede pensar que semejante vision no
haya llenado este gran espíritu de una felicidad
proporcionada á su grandeza, de una alegría
cuya embriaguez traspasaria todas las alegrías
vulgares y arrastraria consigo por un momento
todas las penas? ¿Quién no querria ser más
Shakspeare que Falstaff, Moliére que el gentil
hombre lleno de riqueza y de estupidez? Y en
estas elecciones no vayais á suponer que el instinto nos engaña. Aquí no es más que la expresion de la razon: ella nos dice que vale más vivir
«como hombre que como puerco,» aunque Hartmann pretenda lo contrario, porque el hombre
piensa y el pensamiento, que es la fuente de tantas torturas, es tambien la fuente de alegrías
ideales y de contemplaciones divinas. El colmo
de la desgracia no es el ser hombre, sino siendo
hombre despreciarse lo bastante para lamentarse
de no ser un animal. No pretendo que estas la-
mentaciones no hayan existido nunca; pueden

ser la expresion grosera de una vida vulgar que
quisiera abdicar la pena de vivir, aunque con-
servando la facultad de gozar, y entonces es el
primer grado del envilecimiento humano, ó bien
el grito de desesperacion bajo el peso de un dolor
demasiado fuerte, una turbacion y una sorpresa
momentánea de la razon; en ningun caso se
puede ver en ellas la expresion filosófica de un
sistema. Semejante paradoja sostenida friamente
por los pesimistas, subleva la naturaleza humana, que, despues de todo, en esta materia es la
sola autoridad y el solo juez; ¿cómo es posible
elevarse por encima de tal jurisdiccion?

Sin embargo, se ha ensayado. Schopenhauer
ha comprendido que este es el punto débil del
sistema, y por eso se muestra partidario de esta
maravillosa invencion que ha hecho fortuna en
la escuela, cuya huella hemos encontrado en el
autor de los *Diálogos filosóficos:* nosotros no podemos fiarnos, dice, en este órden de ideas, del
testimonio de la naturaleza humana, la cual es
juguete de una inmensa ilusion, organizada contra ella por poderes superiores. El instinto es el
instrumento por medio del cual esta triste comedia se juega á expensas nuestras: es el hilo
por el que, como somos unos desdichados mani-
quíes, se nos hace decir lo que no debíamos decir,
querer lo que debiéramos odiar, obrar contra

nuestro interés más evidente. Schopenhauer es realmente el inventor de esta explicacion que responde á todo. Invocais contra las teorías pesimistas la voz de la conciencia, el impulso enérgico de nuestras tendencias. Pues precisamente es esta imperiosa y falaz claridad de la conciencia, deponiendo contra la evidencia de nuestros intereses, la que prueba que es el órgano de un poder exterior, que toma su voz y su figura para convencernos mejor. Acudís á las tendencias; pero no veis que cada tendencia es como una pendiente secreta, preparada dentro de nosotros por un artífice ingenioso para atraernos hácia su objeto, un objeto enteramente distinto del nuestro, opuesto á los fines que debiéramos perseguir, y hasta contrario á nuestra verdadera felicidad?

Estas son las astucias de lo inconsciente de Hartmann, los fraudes de la voluntad de Schopenhauer. Es el «Dios malévolo» de Descartes que ha remplazado al Dios de Leibnitz. Lo que no habia sido más que un juego de lógica completamente provisional, una hipótesis de un momento para Descartes, rechazada por la razon, llega á ser toda una metafísica, toda una psicología. Yo no la haré más que una simple objeccion. Nosotros podemos sorprendernos de que «este fraude que es la base del universo» sea tan

fácil de alcanzar y conocer. Se nos dice, que
hagamos lo que hagamos, la naturaleza ó el Uno-
Todo Inconsciente ó Voluntad, triunfará siempre, que ella ha arreglado demasiado bien las
cosas, y compuesto los dados, paŕa no alcanzar su objeto, que es engañarnos. Se nos dice eso, pero se nos prueba lo contrario. ¡Y
qué! Este juego ha tenido éxito durante seis ó
siete mil años y héle aquí repentinamente des-
enmascarado, denunciado como un juego en que
la naturaleza nos estafa! En verdad que yo no
puedo admirar un juego tan mal hecho en que
un hombre de talento lee de corrido, percibe el
fraude y lo señala. Esa gran potencia oculta y
tenebrosa, que dispone de tantos medios, que
tiene tantos artificios, máscaras y disfraces á su
disposicion, se deja sorprender tan fácilmente
por algunos de estos pobres séres que trata de
engañar. Es preciso creer entonces que no son
simples mortales los que escapan á redes tan sábiamente tendidas, que las deshacen y las de-
nuncian á los otros. Si fueran hombres debieran
como los demás sufrir este maquiavelismo que
los envuelve, que los penetra hasta el fondo de
su sér, en su conciencia, en sus instintos. Sustraerse á él seria obrar fuera de esta naturaleza
de la que forman parte. Para lograrlo es preciso
ser algo más que un hombre, un Dios, algo

en fin, que se halle en posibilidad de luchar contra este tirano anónimo y enmascarado que nos explota en su provecho.

Todo esto es una série de contradicciones manifiestas, simples juegos del espíritu, pura mitología. Pero admitida la contradiccion como base de la teoría; ¡cómo se deduce y se explica todo! Si somos engañados nada más claro que la demostracion del pesimismo: se apoya precisamente en esta contradiccion fundamental de nuestros instintos y de nuestros intereses, de nuestros instintos que nos llevan de un modo irresistible á sentimientos ó actos funestos, como cuando tratamos de conservar una vida tan desgraciada ó de perpetuarla trasmitiéndola á otros que serán más desgraciados todavía.—El interés supremo de lo Inconsciente es opuesto al nuestro: el nuestro seria no vivir, el suyo es que vivamos nosotros y que ótros vivan por nosotros. Lo inconsciente quiere la vida, dice Hartmann, que desenvuelve el argumento favorito de su maestro; por eso no deja de mantener entre los séres vivientes todas las ilusiones capaces de hacer que encuentren la vida soportable, y hasta que la tomen bastante gusto para conservar el resorte necesario del cumplimiento de su tarea, en otros términos, para concebir ilusiones sobre la desgracia de la existencia. Es

preciso volver á la frase de Juan Pablo Richter:
«Amamos la vida, no porque sea bella, sino por
que debemos amarla; así que hacemos con frecuencia este falso razonamiento: puesto que
amamos la vida, debe ser bella.» Los instintos
no son en nosotros mas que fuerzas diversas bajo
las cuales se despliega este irracional y funesto
apetito de vivir inspirado al sér viviente por
aquel que lo emplea en su provecho. De ahí la
energía que gastamos tontamente para proteger
esa existencia, que no es más que el derecho á
súfrir; de ahí tambien esos falsos juicios que for-
mamos sobre el valor medio de los goces y de las
penas que se derivan de este amor insensato á la
vida: las impresiones que dejan en nosotros los
recuerdos del pasado están siempre modificadas
por las ilusiones de nuestras esperanzas nuevas.
Esto es lo que acontece en todas las excitaciones violentas de la sensibilidad debidas al hambre, al amor, á la ambicion, á la codicia y á todas las demás pasiónes de este género (1). A
cada una de estas excitaciones van ligadas algunas ilusiones correspondientes que nos prome-
ten un excedente de placer sobre la pena.

A la pasion del amor es á la que el pesimismo hace una guerra más encarnizada. Se diria

_____
(1) Filosofía de lo Inconsciente, cap. 13, parte 3.ª

que existe un duelo á muerte entre Schopenhauer y las mujeres, que son los intermediarios del indigno fraude del que el hombre es juguete, los *instrumenta regni aut doli* entre las manos del gran estafador. En efecto, es en el amor donde sobre todo se descubren la mentira del instinto y la «sinrazon del querer.»—«Que se imagine, por un instante, dice Schopenhauer, que el acto generador no resulta ni de las excitaciones sensuales, ni del atractivo de la voluptuosidad, y no sea más que un asunto de pura reflexion, la raza humana, ¿podria subsistir? ¿No tendríamos todos compasion de esta nueva generacion, y no querríamos evitarles él peso de la existencia, ó al ménos no rehusariamos el tomar sobre nosotros la responsabilidad de cargarles con él á sangre fria!» Por eso, para vencer estas vacilaciones que serian mortales al «querer vivir,» la naturaleza ha exparcido sobre los fenómenos de este órden toda la riqueza y la variedad de las ilusiones de que dispone. El gran interés del principio de las cosas, de esta voluntad engañadora, es la especie, verdadero centinela de la vida. El individuo no es más que el encargado de trasmitir la vida de una generacion á otra; pero es preciso que esta funcion se cumpla, costando al individuo su reposo, su felicidad, la misma existencia: á toda costa el principio inconsciente quiere vivir, y sólo por este miserable medio consigue sus fines: toma al individuo, lo engaña, lo quebranta á su gusto, despues de haberlo elegido en condiciones especiales. De ahí ha nacido el amor, una pasion *específica*, que para ha cerse aceptar se disfraza como pasion individual y persuade al hombre de que será feliz, cuando en el fondo no es mas que el esclavo de la especie, cuando se agita y sufre por ella, cuando por ella sucumbe.

Tal es el principio de la *metafísica del amor*, una de las partes más originales del *Mundo como voluntad y como representacion*, y de la cual Schopenhauer dice modestamente (1), que la considera «como una perla.» Vuelve sin cesar sobre esta teoría que le era particularmente querida, en otros escritos suyos, en los *Parerga*, en las conversaciones inagotables que se nos han referido. A decir verdad, no es fácil encontrar «esta perla.» Schopenhauer trata esta delicada cuestion más como fisiólogo que como filósofo, con un refinamiento de detalles, un humor, una especie de jovialidad lúgubre que se complace en arrancar todos los velos, en desconcertar todos los pudores, en espantar todos los *cantos* britá-

---

(1) En las *Memorabilien*. Véase Riboto. *Filosofía de Schopenhauer*, pág. 126 y 129.

8

nicos y otros, como para convencer mejor al
hombre de la locura del amor. A través de las
excentricidades y las enormidades de una ciencia técnica y que ningun escrúpulo detiene,
consigue pintar con un asombroso vigor, bajo
su punto de vista exclusivo, esta lucha dramática del génio de la especie contra la felicidad del indivíduo, este antagonismo, encubier-
to con flores y sonrisas, oculto bajo la imágen
pérfida de una felicidad infinita, de donde
resultan todas las tragedias y tambien las co-
medias del amor. ¿Qué hay en el amor más pla-
tónico? Un puro instinto sexual, el trabajo de la
futura generacion que quiere vivir á expensas
de la generacion presente, y la empuja á sacrifi-
carse en aras de su ciego ó irresistible deseo. Es
lo que un poeta contemporáneo, pesimista á ra-
tos, traducia en otro tiempo con esta salvaje
energía:

«Estos delirios sagrados, estos deseos sin límites, desencadenados en torno vuestro como
ardientes fantasmas, estos trasportes no son más
que la humanidad futura que se agita en vuestro seno.»

Los que aman, ¿saben lo que hacen? Arras-
trados, cegados por el instinto que los deslum-
bra con su prestigio, no sólo trabajan en su propio infortunio (porque no hay amor que no ter-

mine en catástrofes y en crímenes, ó por lo ménos en tédios irremediables y en un largo mar-
tirio); pero demás de esto, los imprudentes, los
criminales, sembrando la vida, arrojan en el
porvenir la simiente imperecedera del dolor:
«Mirad esos amantes que se buscan tan ardien-
temente con la vista. ¿Por qué son tan misterio-
sos, tan temerosos, tan semejantes á los ladro-
nes? Es que estos amantes son traidores, que
allá, en la sombra, conspiran y tratan de perpe-
tuar en el mundo el dolor; sin ellos cesaria; pero
ellos le impiden detenerse como sus semejantes,
sus padres lo han hecho antes. El amor es un
gran culpable, puesto que trasmitiendo la vida,
inmortaliza el sufrimiento.» Su historia se resume en dos ilusiones que se encuentran, dos
desgracias que se cambian, y una tercera desgracia que preparan.—Romeo y Julieta, así explica
el filósofo de Francfort en pleno siglo XIX, bajo
los aplausos de la Alemania, sábia y literata,
vuestra poética leyenda; no quiere ver bajo las
mentiras del instinto que os engañaba, mas que
la fatalidad fisiológica. Cuando habeis cambiado
la primera mirada que os perdió, en el fondo, el
fenómeno que se cumplia en vosotros, no era
mas que el resultado «de la meditaciou del génio de la especie,» que trataba de restablecer con
vuestra ayuda el tipo primitivo «por la neutra-

lizacion de los contrarios,» y que satisfecho sin duda de su exámen, desencadenó en vuestros dos corazones esta locura y ese delirio! Fué un simple cálculo de química. «El génio de la especie» juzgó que los dos enamorados se «neutralizarian mútuamente como él ácido y el álcali se neutralizan en una sal;» desde entonces la suerte de Romeo y la de Julieta fueron decididas. No más tregua: la fórmula química los condenaba á amarse; se amaron á través de todos los obstáculos y todos los peligros, se unieron á despecho del ódio y de la muerte. Murieron por este amor. No los compadezcais: si hubiesen vivido, ¿hubieran sido más felices? Para la especie hubiese valido más; para ellos, no. Un prolongado hastío hubiera sucedido á la embriaguez y vengado al pesimismo. Romeo viejo y áspero, Julieta fea y gruñona, ¡gran Dios, qué cuadro! Dejemos á los amantes de Verona en la tumba que guarda su juventud, su amor y su gloria.

En toda esta química y fisiología del amor, Schopenhauer no tiene en cuenta para nada el fin verdadero que eleva y legitima el amor, resarciéndole cien veces de sus sacrificios y de sus pesares, la formacion de la familia, y la creacion del hogar. Se puede medir esta felicidad por el dolor que inunda al alma cuando la muerte acaba de extinguir el fuego de este hogar y de rom-

per sus piedras vivas. Schopenhauer olvida
tambien la forma más pura que el amor puede
revestir en el alma humana, gracias á la facultad de idealizar, sin la que no se explicará jamás ni la ciencia, ni el arte, ni el amor. Del
mismo modo que una sensacion basta para excitar todas las energías del pensamiento y hacerle
producir en ciertas circunstancias las obras más
admirables del génio, en la que toda huella de
sensacion primitiva se hubiere borrado, así es
privativo del hombre el trasfigurar lo que no es
más que un instinto animal y hacer de él un
sentimiento desinteresado, heróico, capaz de pre-
ferir la persona amada á sí mismo, y la felicidad
de esta persona á la persecucion apasionada del
placer. Esta facultad de idealizar todo lo que
le concierne, la ejerce el hombre á donde quiera
que alcanza; gracias á ella es como el amor se
trasforma, cambia de esencia, pierde en su me-
tamorfosis casi todo recuerdo de su humilde
punto de partida. La ciencia vuelve á hallar lo
universal en una sensacion limitada, el arte crea
tipos que las formas reales sugieren y no contienen, el amor se emancipa del instinto que lo ha
hecho nacer y se eleva hasta la abnegacion de
sí, hasta el sacrificio. Hé aquí por donde el
hombre se reconoce, por donde escapa á la naturaleza ó más bien se crea una nueva naturaleza

en que su personalidad se consagra y se acaba.

Tal es en todas las cuestiones que tocan á la vida humana la enfermedad radical del pesimismo; el anterior es un ejemplo característico por el cual se puede juzgar la estrechez y la inferioridad del punto de vista en que se coloca la escuela pesimista para afianzar el valor de la vida, y declarar despues de examinado que no tiene ningun valor y que la mejor no vale tanto como la nada. Tendríamos que hacer las mismas reflexiones á propósito del método que emplea M. de Hartmann y de las conclusiones que saca. Se ha dedicado, como todos saben, á resolver este problema propuesto por Schopenhauer: "Dado el total de bienes y de males que existen en el mundo, hacer el balance (1)." De ahí un análisis muy extenso de las condiciones y de los estados de la vida, bajo la relacion del placer y del dolor. Se nos demuestra que la mayor parte de lo que se llaman bienes no son más que estados negativos, condiciones de un estado de indiferencia absoluta (salud, juventud, bienestar, libertad, trabajo) son simples capacidades de gozar, no goces reales, que son iguales al no-ser, que representan cero en el termómetro de la

_____

(1) Filosofía de lo Inconsciente; primer estado de la ilusion.

sensibilidad. En cuanto á las otras formas del placer son reales, pero cuestan más de lo que valen; se compran á cambio de un mayor número de males, descansan, pues, sobre una pura ilusion: son confundidos y revueltos los apetitos, el hambre, el amor, las alegrías de la familia, la amistad, el sentimiento del honor, la ambicion, la pasion de la gloria, las emociones religiosas, la moralidad. Todo esto constituye una suma de placeres *subjetivamente reales*, pero fundados, sobre una ilusion, sobre un excedente de felicidad esperada y por consecuencia ilusoria. Por último, vienen los placeres *objetivamente reales*, son los goces de la ciencia y del arte; pero estos goces son muy raros y no están al alcance mas que de muy pocos. Y estos pocos, por su superioridad natural, pagan el precio de sus ventajas; están condenados á sufrir más que el resto de la humanidad.

No entraremos en el exámen que ya ha hecho M. Alberto Roville de este balance de la vida. Lo que quisiéramos es determinar claramente la diferencia que hay entre estas dos cuestiones que los pesimistas confunden siempre: la del valor de la existencia para cada uno de nosotros y la del valor de la existencia considerada en sí, el valor relativo y el valor absoluto de la vida humana. La primera cuestion no es sus-

ceptible de una respuesta perentoria y todas las
consideraciones sutiles destinadas á convencernos de que debemos ser desgraciados no son más
que trabajo y tiempo perdidos. No hay medida
comun entre los bienes comparados los unos
con los otros, ni entre los males comparados
entre sí, ni entre los bienes y los males: no es
posible compararlos ni en el sujeto, ni el objeto, ni en el acto que los constituye. Aquí
todo ensayo de análisis cuantitativo es quimérico; la cualidad de los bienes y de los males
es el solo punto de vista de una comparacion
plausible; ahora bien, la cualidad no se puede
reducir á números. No existe, pues, método de
determinacion precisa, tarifa posible ni signo
matemático ó fórmula que expresen el valor del
placer y de la pena, y por consecuencia la idea
de formar el balance de la vida humana es una
quimera.

Hay felicidades tan vivas que un relámpago
suyo desvanece una vida de miserias; hay dolores tan internos que devoran en un instante y
para siempre una vida feliz. Por otra parte el
placer y el dolor contienen un elemento subjetivo de apreciacion, una parte completamente personal de sensacion ó del sentimiento que echa á
perder todos los cálculos, que escapa á toda ley
de evaluacion, á toda apreciacion de fuera. Co-

mo decia graciosamente un crítico ingles (1):
Usted prefiere sacarse una muela que le duele,
yo prefiero soportar el dolor; ¿quién se atreverá
á juzgar estos actos?—Uno prefiere casarse con
una mujer hermosa y tonta, otro con una mujer
fea y espiritual; ¿quién tiene razon?—La soledad
es una pena insoportable para Vd., es un placer
para mí. ¿Cuál de los dos se equivoca? Ni el
uno ni el otro.—A un marinero inglés le gusta
más su *gin* que el más noble *claret*; ¡demostrad-
le que se engaña!—Tal de vuestros amigos adora las canciones bufas y bosteza con las sinfo-
nías de Beethoven. Teneis el derecho de decirle
que carece de gusto: ¿qué le importa? ¿Le impe-
direis divertirse?—Un hombre ha nacido con
un organismo sólido, un cerebro bien constitui-
do, facultades bien equilibradas; goza en la lucha, en el ejercicio de su voluntad contra los
obstáculos, hombres ó cosas. Otro es enfermizo,
tímido en exceso; su imaginacion y sus nérvios
se abren á las impresiones exageradas; la lucha
le aterra. Por éste es y no por el otro por lo
que Hartmann tendrá razon al decir que el esfuerzo es una pena y la voluntad una fatiga.
¿Quién decidirá si este estado es en sí una pena
ó un placer? El sentimiento del placer ó del do-

---

(1) *Review of Westminst, january*, 1876.

lor es el placer ó el dolor mismo, el sentimiento
de la felicidad se confunde con la felicidad. Me
decís que mi vida es mala; ¿qué me importa si
yo la encuentro buena? ¿Estoy equivocado al ser
feliz? Sea en buen hora; pero yo lo soy si creo
serlo. Con la felicidad no sucede como con la
verdad, es completamente subjetiva; si se dur-
miera siempre y se soñara que se era feliz, se
seria siempre feliz.—Todo balance de la vida
humana, formado sobre el exámen comparativo
de los dolores y de los placeres, es falso por su
punto de partida que es la apreciacion individual de aquel que lo forma. Es preciso tener
presente en estas evaluaciones, además de la
parte del indivíduo, la del sistema y tener en
cuenta la necesidad que se han impuesto de tener razon áun contra los hechos.

Queda la otra cuestion, la del valor de la exis
tencia considerada en sí, el valor absoluto que
ella encierra. Esta cuestion, la sola que importa, es la sola que han abandonado por completo
los pesimistas; merece ser estudiada, sin embargo, pero no puede ser tratada mas que estable-
ciéndola en un órden enteramente distinto de
consideraciones. Reina en todo el análisis de
M. de Hartmann un error fundamental sobre la
significacion y el sentido de la vida. Si el objeto
de la existencia es la más grande suma de goces,

es· posible que la existencia sea una desgracia.

Pero si Kant tiene razon, si el mundo todo entero no tiene más que una explicacion y un objeto, haçer moralidad, si la vida es una escuela
de experiencia y de trabajo en que el hombre
tiene una tarea que cumplir, aparte de los placeres que pueda gustar, si esta tarea es la creacion de la personalidad por el esfuerzo, la cual
es la más alta concepcion que se puede formar
de la existencia, el punto de vista cambia enteramente, pues que la desgracia misma es un
medio que tiene su utilidad, sus consecuencias
ordenadas y previstas en el órden universal.
Desde entonces ·el sistema de la vida humana,
tal como lo desenvuelve Hartmann, es radical-
mente falso. Si realmente existe, como es posible y aun probable, un excedente de sufrimiento
en el medio de la vida humana, no debemos
apresurarnos á concluir por eso que el pesimismo tiene razon, que el mal de la vida es absoluto, que es incurable, que es preciso convencer á
la humanidad de la sinrazon de vivir y precipi-
tarla lo más pronto posible en el abismo del
nirvana, por medio de expedientes más ó ménos
ingeniosos ó prácticos, sea por el ascetismo sistemático, que agotará las fuentes de la vida,
como quiere Schopenhauer, sea por un *suicidio*

cósmico, grandioso y absurdo, que es lo que propone Hartmann.—Este excedente de sufrimientos, si existe, es un título para el hombre y le crea un derecho. La vida, aunque sea desgraciada, vale la pena de ser vivida,' y el dolor vale más que la nada.

III

¿Cuál es el porvenir reservado al pesimismo? Para contestar á esta pregunta no basta hacer notar la violenta exajeracion de las tésis que sostiene, el estupor del simple buen sentido ante una doctrina que quiere persuadir á la humanidad de que debe concluirse lo más pronto posible con la vida, y al mundo mismo de que debe cesar esa broma lúgubre que se permite al continuar existiendo. No basta repetir lo que Pascal decia del pyrronismo: «La naturaleza sostiene á la razon impotente y la impide extraviarse hasta este punto.»—¿A qué concurso de circunstancias esta filosofía extraña debe su éxito y el ardiente proselitismo de que es objeto? ¿Durarán estas circunstancias? ¿Hay motivos para creer que esta fortuna de un sistema tan contrario á la naturaleza se detenga, y que esta pro-

paganda insensata se agote por la indiferencia de
los unos ó la resistencia de los otros?

M. James Sully, en el último capítulo·de su
libro, ha tratado de definir y·clasificar todos los
orígenes de esta filosofía. Expone lo que llama
con una frase muy en voga «la génesis del pesimismo;» enumera, con gran lujo de divisiones y
subdivisiones, «los elementos y los factores ex-
ternos ó internos.» Segun él, es preciso considerar la concepcion optimista y la concepcion pesimista de la vida, como efecto de una multitud
de causas más ó ménos ocultas en la constitucion
íntima de cada uno de nosotros. El pesimismo
es á la vez un fenómeno patológico y un fenómeno mental. Cuando se lleva á la exajeracion,
revela una alteracion grave en el sistema nervioso; llega á ser una verdadera enfermedad. El
optimismo y el pesimismo, son pues, ante todo,
una consecuencia del temperamento, herencia
morbosa, humor y nérvios. Es necesario tambien tener en cuenta la parte del carácter propiamente dicho, bien que el temperamento entre ya en·él como un elemento esencial del ejercicio y del desenvolvimiento de la voluntad,
más ó ménos dispuesta á entrar en lucha con lo
de fuera, á sufrir la pena, á mirarlo frente á
frente y sin temor. Así se ve que hay temperamentos optimistas y temperamentos pesimistas,

caractéres felices y caractéres desgraciados, sensibilidades más ó ménos tímidas y doloridas, naturalezas, en fin, dispuestas á apreciaciones completamente contrarias á propósito de los mismos hechos.

Los acontecimientos y las situaciones de la vida revisten dos aspectos muy diferentes, toman dos tintes opuestos, según que se presentan á los unos ó los otros, á los unos preparados de antemano á interpretaciones favorables, á los otros inclinados á encontrarlo siempre todo defectuoso, los hombres y la vida (Fault finding).

Hay aquí un número de observaciones acertadas y finas. Uniria de buena gana la de un ilustre químico, con el cual hablábamos de esta cuestion del pesimismo y que la resumía de este modo, reduciéndola á términos muy sencillos: segun él esta filosofía, con sus tristes visiones, era la filosofía natural de los pueblos que no beben mas que cerveza. «No hay peligro, añadia, en que se aclimate nunca en los países vinícolas y sobre todo en Francia; el vino de Burdeos esclarece las ideas y el vino de Borgoña arroja los malos sueños.

«Esta es la solucion química de la cuestion al lado de la solucion fisiológica de M. James Sully.

Estas son explicaciones que tienen su valor;

pero aun quedan muchas partes oscuras en la cuestion. En todo tiempo ha habido temperamentos tristes, caractéres desgraciados, ha habido tambien siempre bebedores de cerveza; lo que no ha existido en todo tiempo son sistemas pesimistas, es esta voga inaudita de una filosofía desesperada. Yo dudo, por otra parte, que este género de explicacion sea suficiente, tratándose de las poblaciones innumerables del extremo Oriente, que piensan ó que sueñan, segun la doctrina de Budha; seria menester modificar mucho las fórmulas para que fuesen aplicables aquí. Pero quedémonos en el Occidente, y tratemos de no embrollar más una cuestion ya muy compleja. Concedo toda la atencion que debo á las observaciones del anatómico Henlé en sus *Lecciones de antropología* publicadas recientemente, cuando trata de investigar las causas del temperamento melancólico. Este temperamento resulta, segun él, de una desproporcion entre la fuerza de las emociones y la de movimientos voluntarios, siendo las impresiones muy vivas, muy numerosas; se acumulan se capitalizan, por decirlo así, en el sistema nervioso, por no poder traducirse al exterior y gastarse de un modo conveniente.

Tambien escucho con curiosidad á Sully cuando nos dice, que allí donde se encuentra un sistema refinado para el mal de la vida con una imaginacion ardiente para los bienes ideales, y al mismo tiempo, una debilidad relativa de los impulsos activos y del sentido práctico, hay grandes probabilidades para que el defecto de equilibrio se traduzca por una concepcion pesimista de la vida. Igualmente me interesa el curioso estudio de Seidlitz sobre *Schopenhauer bajo el punto de vista médico,* y contemplo bien claro, de qué manera ha llegado á ser Schopenhauer el primer humorista terrible que hemos visto, misántropo y mirógamo. Aprovecho esta masa de observaciones de detalles arrojadas á la corriente de la ciencia.

Hago notar solamente que de este modo se explica bien el pesimismo objetivo é individual, pero no el pesimismo objetivo é impersonal, aquel que se expresa por un sistema de filosofía y se traduce por la popularidad del sistema. Este es el hecho que se trata de comprender en su contraste con los instintos más enérgicos de la naturaleza humana que quiere vivir, que se adhiere á la vida que se irrita por ella hasta el punto de exclamar, si no escuchara más que á sí misma: «¡Tomadlo todo, pero dejadme la vida!» Se recoge más de una explicacion plausible cuando se aborda el aspecto etnológico y social del problema, las afinidades y los temperamentos

6

de las razas, los medios en los cuales se desen-
vuelven, las grandes corrientes que modifican la
vida intelectual y moral de los pueblos. M. James
Sully hubiera podido, á nuestro juicio, exten-
derse mucho más de lo que lo ha hecho sobre
este aspecto de la cuestion. Ha indicado demasiado rápidamente puntos de vista muy intere-
santes, de los cuales cada uno hubiera merecido
un estudio profundo. Las causas morales y so-
ciológicas, como se dice hoy, de esta fortuna del
pesimismo son múltiples: desde luego es el efecto natural de una reaccion «contra el optimismo
vacío del siglo pasado;» en segundo lugar, la
depresion que se produce, por efecto de una ley
tan verdadera en la historia como en la fisiología, despues de un período de tension extraor-
dinaria en los sentimientos y de confianza exal-
tada en los fines ideales de los que várioa nos
han engañado.

Ha habido en Alemania, en estos últimos
veinte años, como un estado de postracion en
los espíritus, que resultó de la bancarrota de las
grandes esperanzas, de la quiebra de un ideal
social y político, del hundimiento de las ambi-
ciones extravagantes de ciertas escuelas estéti-
cas y filosóficas. El ideal militar que ha brillado
á los ojos de la Alemania no es ni con mucho el
que ella habia soñado: lo que la prometia la

filosofía de la historia, construida para su gloria y uso, era la conquista del mundo por las ideas más bien que por las armas. Unid á esto la destruccion gradual por la crítica de las tradiciones y de la creencias religiosas, que al retirarse parecen arrastrar consigo todo lo que constituye la belleza y el valor de la vida. La ciencia es verdad que se halla en completo florecimiento y sus progresos debieran consolar al hombre; pero no ha proporcionado todavía á la masa del género humano una nueva fuente de inspiracion, nuevas formas que puedan traducir sus emociones. La ausencia de todo calor y de toda renovacion en el arte, una especie de agotamiento que es probablemente más que un fenómeno pasajero, deja sin satisfaccion alguna la necesidad de entusiasmo que en nosotros existe. El solo arte que parece conservar una vitalidad suficiente y alguna fecundidad interna es la música, que por las vías particulares por donde camina, tiende ella misma á ser la expresion del temperamento pesimista, cómo lo prueban las relaciones secretas, casi místicas que ligan á Wagner y á la música del porvenir con la escuela de Schopenhauer.

Es preciso tener en cuenta tambien un elemento literario que tiene su importancia, el brillo de las cualidades que tan vivamente han llamado la atencion de la Alemania sobre el nombre de Schopenhauer, desde que un rayo de luz se ha posado sobre él, esa vena de escritor humorístico, esa crítica sangrienta de los filósofos de Universidad, esas brillantes diatrivas contra Hegel y su escuela, esa sátira de las costumbres pedantescas y del sentimentalismo, esa justicia vengadora más divertida que terrible ejercida contra las mujeres, instrumentos del amor que maldice, agentes secretos del génio de la especie que condena. Y despues, el antiguo fondo de romanticismo germánico se ha despertado á la voz de los pesimistas. Existe cierto secreto orgullo en tomar la actitud de un mártir de lo absoluto, en sentirse encadenado sin esperanza por la naturaleza misma de las cosas y en gozar con el ruido de sus propias cadenas. «En realidad, dice graciosamente M. Sully, el pesimismo adula al hombre presentándole un retrato de sí mismo, en que aparece cual otro Prometeo, un Prometeo vencido, torturado por la mamo implacable de un nuevo Júpiter, el universo que nos ha engendrado y que nos contiene, al universo que nos abate y que no puede concluir con nuestra resistencia ni responder á nuestro orgulloso reto. El pesimismo coloca á su sectario sobre el pedestal de una divinidad ultrajada y dolorida, y lo presenta á su propia admiracion fálta de espectadores que lo rodeen."

Una de las causas más eficaces del éxito de esta filosofía, es que presta una impresion, una voz á los disgustos sordos, à los rencores ó á las revindicaciones de toda clase, que agitan á la sociedad alemana bajo su superficie disciplinada oficial y militar. La masa del pueblo, y aún algunas partes de las clases directoras, aprenden en la escuela y bajo el pretexto del pesimismo, á preguntar muy alto si las desigualdades monstruosas en las condiciones del bienestar entran como un élemento eterno y necesario de la naturaleza. Se maldice la vida tal como está ordenada; siempre lo mismo, esperando cambiarla, cuando se llegue á ser más fuerte. Parece que los síntomas de un desencanto casi universal se han multiplicado en una proporcion considerable de seis años á esta parte. M. Karl Hillebrand, en un artículo reciente de la *National-Zeitung* hace constar el hecho, escribiendo estas líneas-características: "Nuestros soldados, y nuestros soldados son la nacion, se han hallado en contacto, durante su estancia en Francia, con una civilizacion más antigua y más rica; han vuelto á su casa con necesidades y aspiraciones que recuerdan de un modo sorprendente las necesidades y aspiraciones que las legiones romanas trajeron del Oriente."

Sea de esto lo que quiera, la burguesia alemana parece cuidarse un poco ménos de la gloria desde que comprende que la ha pagado muy cara, á cambio de los impuestos siempre crecientes y del rudo sistema de milicia nacional, al cual está sujeta; y en cuanto á las clases obreras,— se ha podido verlo en las últimas elecciones verificadas en Berlin—están bastante teñidas de socialismo (1).

Más de una vez nos hemos sorprendido de que la filosofía del nirvana, resucitada por la ciencia moderna, haya tenido un renacimiento inesperado en pleno siglo XIX en el pueblo aleman, en el momento mismo en que este pueblo descendia de lo alto de un sueño para poner el pié sobre la tierra, y cuando estiende sobre la realidad terrestre una mano activa y dura. En el fondo vemos ahora cómo se explica este fenómeno: es una especie de reaccion de ciertos instintos de esta raza, oprimidos y contrariados por el militarismo exagerado que ha creado su gloria, y por la vida de cuartel que esta misma gloria la impone. Él antiguo idealismo aleman, sujeto rudamente á una disciplina de hierro, á una batalla sin tregua que ha reemplazado á los idilios de otro tiempo y á las epopeyas metafí-

---

(1) James Sully. *Pesimismo*, p. 450.

sicas, se refugia en una filosofía amarga que
protesta contra la dura ley de la lucha por la
existencia, que condena el esfuerzo, que maldice
la vida, que compara la vanidad de la gloria
con la fatiga que cuesta, con la sangre que hace
derramar, con la pobreza de los resultados; ó
conquistar; ó mantener por la fuerza. El pesimismo es la inversa del triunfo en un pueblo
que no es belicoso por naturaleza, que lo ha llegado á ser por necesidad y por política, que se
le obliga á desempeñar el papel de conquistador
á su pesar, y que á través de su triunfo se le
aparece su vida tranquila de otro tiempo y tiene
la nostalgia del reposo. Ya que no puede descan-
sar, aspira á la nada. Se dirá que estos no son
más que actos y crísis; convenido; pero es preciso tenerlas en cuenta.

Entre todas estas influencias más ó ménos ac-
tivas, la más importante de todas, la más deci-
siva, la que siempre se olvida, aquella de que
M. James Sully hace mal en no ocuparse bastante, es la evolucion que se ha llevado á cabo
durante estos treinta ó cuarenta últimos años,
el progreso constante de la filosofía crítica que
ha destruido los ídolos *metafísicos* con la misma
mano hábil y segura con que habia minado «los
ídolos religiosos.» La metafísica gobierna al
mundo, sin disputa, por una accion de presencia

ó de ausencia. No puede desaparecer momentáneamente ó sufrir un eclipse sin que una turbacion profunda se produzca en el espíritu humano. Indiquemos con un rasgo las negaciones y
las supresiones que se han hecho en la filosofía, ó
si se quiere, las simplificaciones radicales que la
han reducido á su más simple expresion, y veremos, á medida que estas supresiones se operan, disminuir el precio de la vida hasta que
llega á cero; despues, por debajo de cero, hasta
que no pueda apreciarse más que por cantidades
negativas como hace el pesimismo.

El cristiano, el deista, el discípulo de Kant
encuentran razones para vivir, aunque la vida
sea desgraciada. Tiene en sí misma su valor
absoluto, que determinan la idea de la experiencia, la educacion de la persona humana por
el obstáculo y el sufrimiento, la certidumbre de
un órden trascendente. Empobrezcamos la vida
suprimiendo estas ideas. Queda el deber, que
bastará al estóico para soportar la vida: trabaja
en este fin ideal del universo que concibe, aun
separado de toda idea de sancion. Cree en lo
absoluto bajo la forma del bien: esto es lo bastante para que él viva, es lo bastante para que
muera satisfecho de una existencia que no habrá sido inútil, fijos el pensamiento y la mirada
sobre ese bien abstracto que honra sin acertar á

definirlo. Pero la crítica continúa su obra, juzga que el deber no tiene más que un valor completamente relativo, ó bien como se nos dice, "es la simple forma de las relaciones de los fenómenos," ó bien es una astucia para hacernos obedecer á expensas nuestras las inspiraciones de la especie que tiene necesidad de nuestro sacrificio. Otra ilusion destruida: cuando la astucia queda desenmascarada, nos hacemos indiferentes ó nos sublevamos. El progreso queda por lo ménos como una razon suficiente para vivir. Pero no; la ciencia demuestra que no hace otra cosa que desenvolver nuestra miseria, y que el infortunio humano aumenta en todo lo que el hombre conquista sobre el tiempo, sobre el espacio, sobre las fuerzas de la naturaleza.

No resta más como objeto que pueda asignarse á esta pobre existencia, despojada sucesivamente de todos sus móviles y de todos sus fines que la ciencia misma; mas la ciencia estará siempre al alcance de muy pocos, y estos pocos, ¿encontrarán en ella un valor absoluto? La ciencia es *un medio*, ya para desenvolver la conciencia, ya para mejorar la suerte de los hombres sobre la tierra; mas si estos fines se declaran quiméricos, el medio cae con ellos y ya no tiene valor.

¿Las afecciones? Pero estas no son en la vida

tal cual se la pinta más que ocasiones de sufrir
ó por la traicion que nos las arrebata ó por la
muerte que nos separa de ellas. ¿El placer? ¿Pero
quién puede dudar de que es pagar demasiado
caras, al cambio de tantas angustias y penas de
todo género, algunas sensaciones recogidas al
pasar y casi al mismo tiempo desvanecidas? ¿A
qué debemos unirnos, pues,.á través de esta
· peregrinacion dolorosa de la vida, de esta mul-
tiplicidad de trabajos que la abruman y de disgustos que envenenan su curso? ¿A nosotros
mismos, al yo humano? Pero sə nos hace ver,
con el último progreso de la filosofía, que la
idea del yo «no es más que una apariencia producida en el cerebro, no hay en ella más verdad
que en la idea del honor y en la de derecho, por
ejemplo. La sola realidad que responde á la idea
que yo me hago de la causa interior de mi actividad es la del sér que no es un indivíduo, el
Uno-Todo inconsciente. Esta realidad se encuentra lo mismo en el fondo de la idea que Pe-
dro tiene de su yo, como en la que Pablo tiene
del suyo (1).» Nada queda, pues, más que este
principio único, absoluto, anónimo, este Inconsciente lúgubre que encontramos en el término y en el fondo de todo, un principio ciego que

(1) Filosofía de lo Inconsciente, 2.º v. p. 458.

es impulsado á vivir, pero que sufre con este movimiento que se imprime, con esta actividad
que se impone, y que tiene como vergüenza y
miedo de sí mismo; cuando se encuentra frente
á frente consigo mismo en la conciencia, se hor-
roriza de lo que ve y torna atrás hácia la nada,
de donde ha salido no se sabe cómo, de donde
nunca debió haber salido para darse este triste
espectáculo, y para imponer al mundo esta tortura sin razon, sin objeto y sin fin. En este punto, el pesimismo nos parece como el último término de un movimiento filosófico que lo ha des
truido todo: la realidad de Dios, la realidad del
deber, la realidad del yo, la moralidad de la
ciencia, el progreso, y por lo mismo el esfuerzo, el trabajo, cuyas fuentes quedan secas por
una filosofía que proclama su inutilidad.

Pero los excesos mismos de estas negaciones
y de estas destrucciones, nos aseguran de que la
influencia de esta filosofía será artificial y momentánea. Podrá aparecer de vez en cuando en
la historia del mundo como un síntoma de la
fatiga de un pueblo agotado por el esfuerzo industrial ó militar, de una miseria que sufre y
se agita sin haber encontrado ni su fórmula eco-
nómica ni el remédio, como una confesion de
desaliento individual ó peculiar á una clase en
las civilizaciones decrépitas, una enfermedad de

la decadencia. Pero 'todo eso no dura: es la actividad útil y necesaria, es el deber de todos los dias, es el trabajo el que salvará siempre á la humanidad de estas tentaciones pasajeras y disipará estos malos sueños. Si lo que es imposible, existiese alguna vez un pueblo atacado del contagio, la necesidad de vivir, que estas vanas teorías no suprimen, le sacaria de este enervamiento y le encaminaria de nuevo hácia el fin invisible pero cierto. Aquellos estados son un devaneo de ociosos ó una crisis demasiado violenta para ser larga. Este carácter del pesimismos nos revela su porvenir: es una filosofía de excepcion y de transicion. En el órden político es, como en Alemania, la expresion, ya de una fatiga excesiva ó ya de graves sufrimientos que se agitan en la oscuridad, traduce una especie de socialismo vago ó indefinido, que no espera más que una hora favorable para estallar, y que, esperando, aplaude con todas sus fuerzas estos anatemas románticos contra el mundo y contra la vida.—En el órden filosófico, representa el estado del espíritu como suspendido por encima del vacío ínfinito entre sus antiguas creencias, que han sido destruidas una á una y el positivismo que se resigna á la vida y al mundo tales como son. Tambien aquí es una crisis y esto es todo. El espíritu humano no se

mantendrá mucho tiempo en esta actitud trági-
ca. Renunciará á esta situacion violenta de cam-
peon desesperado; cansado de insultar á los dioses ausentes ó al destino sordo á sus gritos tea-
tráles, bajará su frente herida hácia la tierra y
volverá sencillamente á la conducta de Cándido
desengañado, que le aconseja cultivar su jardin.»
O bien, esforzándose por volver á la luz, irá por
sí mismo al antiguo ideal abandonado por ilusorias promesas, á aquel que el positivismo ha
destruido sin poder reemplazarlo y que renacerá
de sus cenizas un dia, más fuerte, más vivo, más
libre que nunca, en la conciencia del hombre.

FIN.